Hans-Jörg Götzl

MILLE MIGLIA

Das legendäre Oldtimerrennen

Hans-Jörg Götzl
Mit Fotos von
H. D. Seufert

MILLE MIGLIA

Das legendäre Oldtimerrennen

Motor Klassik

Motor buch Verlag

Einbandgestaltung: Andreas Pflaum

Bildnachweis
Alle Abbildungen in diesem Buch stammen von Hans-Dieter Seufert, Ausnahme Kapitel 2 (Archiv BMW, Mercedes-Benz, Motor Klassik, Porsche, Strähle) sowie Seite 103 (Hardy Mutschler).

ISBN 3-613-01875-6

1. Auflage 2000

Lektorat: Joachim Kuch
Innengestaltung: Katharina Jüssen
Repro: PHG Lithos, 85152 Martinsried
Druck und Bindung: Fotolito LONGO, I-39100 Bozen
Printed in Italy

INHALT

GAMBETTOLA

VON STIRLING MOSS

VORWORT

»The greatest road race in the world!«

Für mich war die originale Mille Miglia das großartigste Straßenrennen der Welt, und mit Sicherheit war es das anspruchsvollste. Ich mochte die Targa Florio beinahe ebenso gern, vielleicht sogar noch mehr, weil ich den Kurs gut kannte. Doch kein anderes Rennen konnte jemals mit der Herausforderung konkurrieren, eintausend harte Meilen durch Italien zu fahren, und kein anderer Sieg konnte jemals mehr bedeuten. 1955 gewann ich die Mille Miglia zusammen mit meinem wunderbaren Beifahrer Denis Jenkinson.

Vor dem Start zur Rekord-Mille Miglia: Stirling Moss und Beifahrer Denis Jenkinson

Auf Siegeskurs: Moss und Jenkinson im Mercedes-Benz 300 SLR mit der berühmten Startnummer 722

Wenn ich sehen konnte, wo es lang ging, fuhr ich immer 100 Prozent, wenn nicht, 98 Prozent. Nervlich war es eine ganz schöne Strapaze, und die ganze Zeit die Konzentration aufrecht zu halten, laugte einen ziemlich aus. Ich glaube, man kann zumindest für Jenks und mich sagen, dass niemals zuvor und danach ein Sieg süßer geschmeckt hat.

Heute ist die Mille Miglia kein richtiges Rennen mehr – das wäre einfach nicht mehr machbar – sondern eher eine anspruchsvolle Tour. Doch es ist immer noch eine wundervolle Veranstaltung. Die moderne Mille Miglia ist ein gesellschaftliches Ereignis, bei dem die heutigen Rennfahrer und Enthusiasten die Vergangenheit feiern und eine Sammlung der aufregendsten klassischen Automobile durch einige der schönsten Landstriche der Welt fahren.

Mehr als 40 Jahre nach seinem grandiosen Sieg immer noch regelmäßiger Teilnehmer: Publikumsliebling Moss ist längst fester Bestandteil der Mille Miglia-Legende

Und obwohl es heute drei Tage braucht, um das zu tun, was Jenks und ich in wenig mehr als zehn Stunden erledigten (wir müssen verrückt gewesen sein!), bleibt die Mille Miglia eine Herausforderung und ist alles andere als langsam. Nicht zuletzt macht es einfach Spaß!

Die Mille Miglia konnte nur in Italien ins Leben gerufen werden, und dank der überschäumenden Begeisterung der Italiener existiert auch heute noch die Atmosphäre, die uns schon vor so langer Zeit elektrisierte. Es ist ein Ereignis, das jeder, der Automobile, Rennen und Italien liebt, wenigstens einmal erlebt haben sollte!

Stirling Moss

VORBEMERKUNG VON AUTOR UND FOTOGRAF

FUND-GRUBE MILLE MIGLIA

Tausend Worte:
Autor Hans-Jörg Götzl

Für Journalisten ist die Mille Miglia in jeder Hinsicht ein Glücksfall. Für Fotografen, weil sich ständig neue Motive ergeben, weil einfach alles zusammenpasst: Die mittelalterlichen Städte Italiens mit ihren malerischen Ortsdurchfahrten und historischen Stadtkernen sowie die italienische Landschaft mit ihren sanften Hügeln, schmalen Passstraßen und der mediterranen Vegetation scheinen optisch der natürliche Lebensraum für klassische Rennwagen zu sein. 40 bis 50 hochempfindliche Filme laufen während jeder Mille Miglia durch die Kamera, zurück in der Redaktion summiert sich dies zu 1500 bis 2000 Dias, die auf dem Leuchttisch aussortiert werden wollen. Für Redakteure wiederum stellt das Straßenrennen eine nie versiegende Quelle voller Geschichten dar. Im Prinzip hat jeder der rund 360 Teilnehmer eine Story oder Anekdote zu seinem Auto und zu den Erlebnissen der letzten Stunden zu erzählen. Dazu kommt die reichhaltige Historie der Mille Miglia, die mit dem aktuellen Geschehen vermischt wird. Pro Veranstaltung füllt sich somit ein komplettes Notizbuch voller Geschichten und Geschichtchen. Nur ein Bruchteil der Fotos und Storys gelangt schließlich ins Heft; der Rest wandert ins Archiv.

Seit einigen Jahren begleiten wir im Auftrag der Fachblätter *auto motor und sport* und *Motor Klassik* die Mille Miglia; zudem konnten wir zweimal auch selbst (der arme Fotograf allerdings nur ein paar Meilen) in einem BMW 328 der BMW-Geschichtsabteilung Mobile Tradition sowie in einem

Tausend Bilder:
Fotograf Hans-Dieter Seufert

Alfa Romeo 2000 Sportiva Spider aus dem Alfa-Museum teilnehmen; einige der faszinierendsten Aufnahmen entstanden während der Fahrt aus dem Cockpit heraus. Dadurch hat sich im Lauf der Zeit ein gewaltiges Archiv angesammelt, das bislang in einem Dornröschenschlaf vor sich hindämmerte. Irgendwann fragte einer der zahllosen Leser, die kurz vor jeder Mille Miglia die Telefonleitungen in der Redaktion blockieren, mit entwaffnender Direktheit, warum wir nicht endlich einmal ein Mille Miglia-Buch machen. Gute Frage, dachten wir – und hier ist es.

Dass so ein Projekt nur mit viel fremder Hilfe und Unterstützung von Kollegen möglich ist, versteht sich von selbst. Unser Dank gilt also (in alphabetischer Reihenfolge): Klaus Bischof, Christian Eich (†), Thomas Feierabend, Dr. Costantino Franchi, Richard Gerstner, Peter Kubitza, Bernd Ostmann, Dieter Ritter, Michael Rudnig, Christian Schön, Paul Ernst Strähle, Achim Weise und Bernd Woytal. Vor allem aber Julia, Heidi, Felix und Paul für ihre Geduld.

Hans-Jörg Götzl (Text) und Hans-Dieter Seufert (Fotos)
Stuttgart, im September 2000

OM

Einführung – Faszination Mille Miglia

Rendezvous der Sinne

Faszination Mille Miglia – das ist ein Mythos, der in jedem Jahr neu belebt wird, eine einmalige Verbindung von motorsportlicher Vergangenheit und Gegenwart, vor allem aber eines: Ein 1600 Kilometer langer Triumphzug der aufregendsten automobilen Klassiker durch die schönsten Landstriche Italiens.

Im Zoom des Fotografen: Kühler eines O.M. 665 Superba,
Sieger des ersten 1000 Meilen-Rennens 1927

Auftakt zu einem dreitägigen Abenteuer: Start eines Alfa Romeo 6C 1500 S von 1928

Wenn man sich die Oldtimer-Szene als einen großen, brodelnden Kessel voller seltsamer Ingredienzen vorstellt, dann ist die Mille Miglia die Quintessenz, das Destilat der Faszination, die von klassischen Automobilen und historischen Rennen ausgeht. Und würde man dieses Destilat noch weiter eindampfen, so bliebe schließlich als eingetrocknetes Extrakt ein Symbol übrig: der rote Mille Miglia-Pfeil. Als Markenzeichen hat der Freccia Rossa einen Bekanntheitsgrad erlangt, der in manchen Kreisen an das Coca-Cola-Emblem heranreicht. Selbst unbedarfte Zeitgenossen, die sonst keinen Gedanken an edles Blech oder historischen Motorsport verschwenden, wissen den roten Pfeil mit der Aufschrift 1000 Miglia einzuordnen: Als Symbol des schönsten und faszinierendsten Oldtimerrennens der Welt.

Das Erfolgsrezept der Mille Miglia ist dabei denkbar einfach. Hier passe alles zusammen – die richtigen Autos beim richtigen Rennen am richtigen Platz, stellte der Amerikaner Gil Nickel vor einigen Jahren fest, als er zum dritten Mal mit einem Ferrari 340 America am Start war. In der Tat ließe sich ein Erfolgscocktail gar nicht besser zusammenstellen; die Mille Miglia-Mischung erscheint beinahe so klischeehaft wie eine Seifenoper. Es beginnt beim Ort der Handlung. Man muss nicht erst Goethe bemühen, um die Italiensehnsucht und -verliebtheit der Deutschen zu erwähnen, wobei sich die Engländer oder Amerikaner kaum weniger von der Apenninen-Halbinsel bezaubern lassen. Auf der 1600 Kilometer langen Reise von Brescia nach Rom und zurück durcheilen die Teilnehmer der Mille Miglia die gesamte Bandbreite der italienischen Landschaft: die flache Poebene, einige Meilen entlang der Adria-Küste, die schroffe Einsamkeit in den Bergen Umbriens und vor allem die sanfte Kulturlandschaft der Toskana. Lange, gut ausge-

Kleinode wie Tazio Nuvolaris Ausspruch auf der Motorhaube eines Alfa Romeo gehören zum Reiz der Mille Migia: Frauen und Motoren, Glück und Schmerz

Detail am Rande: Zerrbild eines Mille Miglia-Fahrzeugs im Straßenspiegel

Von oben herab: Fahrzeugabnahme auf der Piazza della Vittoria aus seltener Perspektive

baute Geraden wechseln sich ab mit schmalen Bergstraßen, die sich wie Spaghetti durch die Landschaft winden, und mit steilen Pässen, die im oberen Bereich oftmals nur Schotter als Straßenoberfläche aufweisen. Dazu kommen Durchquerungen hektischer, pulsierender Großstädte wie Modena, Bologna oder Rom, historische Stätten wie Verona, San Marino, Assisi, Siena und Florenz sowie eine Vielzahl kleiner und kleinster Ortschaften, die sich malerisch in die Umgebung betten.

Wer sich jetzt über all dem einen azurblauen Himmel vorstellt, liegt indes mitunter falsch. Zwar kommt es nur selten vor, dass alle drei Mille Miglia-Tage verregnet sind, zumindest ein Regentag aber gehört zur Tradition. Doch das stört nicht weiter, vielleicht, weil der Regen in Italien weniger garstig fällt, vergleichbar dem italienischen Espresso, der bei allem Aroma weicher schmeckt als kräftiger Bohnenkaffee. Folgerichtig lassen auch die Piloten offener Klassiker die Verdecke unter der Persenning und hüllen sich eben in wasserdichte Kleidung. Entschädigt werden sie mit einem ganzen Bündel würziger Düfte, die durch den Regen noch intensiver zu Tage treten. Der leicht stechende Hauch des blühenden Ginsters etwa, die harzigen Ausdünstungen der Zypressen oder der Geruch nach Erde und Asphalt. Dazu mischt sich eine leichte Note verbrannten Rennöls von vorausfahrenden Fahrzeugen, die der Kenner schon am Duft erkennt: Rizinusöl für die Vorkriegs-Klassiker, Castrol-RS für die Nachkriegs-Rennwagen.

Von etwaigen Regenschauern lassen sich auch die Zuschauer nicht beeindrucken, die dem Teil-

Für einen Moment steht die Zeit still: Entrückte Lichtreflexe auf Windschutzscheibe und Visier

nehmerfeld Spalier stehen und aus der Mille Miglia einen 1600 Kilometer langen Triumphzug machen. Außerhalb Italiens wäre diese überschäumende Begeisterung schwer vorstellbar. Nur in einem Land, in dem ein Automobilhersteller wie Ferrrari eben kein Automobilhersteller, sondern ein Nationalheiligtum ist, gehört es zur Normalität, dass Kinder für die Mille Miglia schulfrei bekommen. Jung und Alt stehen jubelnd an den Straßen und selbst Dörfer, die an 364 Tagen im Jahr einen verschlafenen Eindruck machen, mobilisieren jeden Einwohner. Und nur in einem Land, in dem ein Testfahrer in einem neuen Porsche Turbo von der Polizei gestoppt wird, damit der Herr Hauptkommissar ein paar Kilometer mitfahren kann – »Vollgas, bitte« -, erscheint es möglich, dass Zuschauer und Polizisten die Mille Miglia-Fahrer mit lauten »Forza, Forza«-Rufen zum Gasgeben ermuntern. Auf die Feststellung, dass so etwas in Deutschland kaum vorstellbar sei, reagiert eine italienische Zuschauerin völlig verständnislos: »Wieso? Das ist doch normal.«

Der Jubel der Zuschauer gilt dabei weniger den Fahrern der Autos als vielmehr den Fahrzeugen selbst, auch wenn die Tifosi den Piloten gern die Hände schütteln oder ihnen kräftig auf die Schulter klopfen. Einzig Renn-

Begeisterte Kulisse: Ohne die zahllosen Zuschauer wäre die Mille Miglia wie eine Miss-Wahl ohne Publikum

fahrer-Legenden werden persönlich gefeiert. Wenn Stirling Moss unvorsichtigerweise barhäuptig in eine Menschenmenge fährt, so muss er damit rechnen, von überschäumenden Fans schmatzende Gunstbeweise auf die Glatze zu erhalten. Dennoch, die eigentlichen Hauptdarsteller der Mille Miglia sind die Autos: In jedem Jahr rund 360 erlesene Automobile, ein einmaliger Querschnitt der besten Renn- und Sportwagen, die zwischen 1927 und 1957 erschaffen wurden.

Atmosphäre pur: Strohballen, Fähnchen, Zuschauer und mittendrin ein vorbeieilender Teilnehmer

Sie alle haben Renngeschichte geschrieben, Siege errungen und waren meist jahrelang Gladiatoren in einem gnadenlosen Kampf um Ideallinien und zehntel Sekunden. Egal ob eleganter Maserati, ätherischer Bugatti oder kraftstrotzender Kompressor-Alfa: Es fällt schwer, sich ihrer Faszination zu entziehen. Der Fahrer und Mensch tritt dahinter unwillkürlich zurück; fast scheint es, als würden sich die Autos aus eigenem

Manchmal regnet es auch bei der Mille Miglia: Vorzugsweise am Start in Brescia

Künstlerisch wertvoll: Vorbeiwischender Mille Miglia-Fahrer

Antrieb einmal im Jahr in Brescia treffen, um gemeinsam von alten Zeiten zu schwärmen. Weißt du noch, raunt da ein Alfa Romeo 1750 einem Markenkollegen zu, damals, 1930, als mein Fahrer Tazio Nuvolari sich mit ausgeschalteten Scheinwerfern seinem Konkurrenten Achille Varzi näherte und ihn im Dunkeln überholte? Wir gewannen und hatten am Ende sogar als Erste eine Durchschnittsgeschwindigkeit von über 100 km/h erreicht. Ja, ich erinnere mich, lächelt der Alfa 2,6-Liter Monza zurück: Aber 1934, da waren mein Pilot Varzi und ich schneller.

Zuschauer brauchen nur ganz leicht die Augen zusammenkneifen, schon beginnen Zeit und Raum ineinander zu zerfließen. Es bedarf nur wenig Fantasie für die Vorstellung, der vorbeirasende Mercedes SSKL mit eingeschaltetem, heulendem Kompressor sei das Auto von Rudolf Caracciola, der gerade dem ersten ausländischen Triumph bei der Mille Miglia 1931 entgegeneilt. Und der Ferrari, der mit geöffneter Haube in einem Säulengang steht und frische Zündkerzen erhält, könnte der Typ 315 S Pinin Farina von Piero Taruffi sein, der 1957 bei seinem 13. Anlauf endlich triumphiert. Fotografen machen sich diesen Effekt bei der Mille Miglia gern zu Nutze und verwenden schwarz-weißes Filmmaterial. Ein Bugatti auf einer mittelalterlichen Dorfstraße oder ein Lancia Aurelia auf einer kurvenreichen Straße der Toskana – wer will entscheiden, ob die Bilder in den Dreißiger, Fünfziger- oder Neunzigerjahren entstanden? Einzig wenn die Piloten moderne Sturzhelme tragen, wird die Illusion gestört.

Startvorbereitung: Letzte Handgriffe eines professionell mit feuerfesten Anzügen und Sturzhelmen ausgestatten Teams

Es ist diese Verbindung zwischen Vergangenheit und Gegenwart, welche die Mille Miglia über alle anderen Klassik-Veranstaltungen heraushebt. Andere Oldtimerrennen mögen aufregender sein oder noch interessantere Autos auf der Starterliste vorweisen, doch allein die Mille Miglia kann von sich behaupten, die Tradition eines der größten automobilen Abenteuer fortzusetzen. In seiner aktiven Zeit zwischen 1927 und 1957 galt das Rennen von Brescia nach Rom und zurück als einmalige Herausforderung für Mensch und Material, vergleichbar nur mit wenigen anderen herausragenden Rennen wie etwa den 24 Stunden von Le Mans. 1600 Kilometer Vollgas quer durch Italien mit zahllosen Pässen und Ortsdurchfahrten, das war von Beginn an ein süßer Wahnsinn und schon nach wenigen Jahren ein Anachronismus – aber auch eine einzigartige Bühne für Heldentaten. Die Helden waren zumeist Italiener, nur dreimal konnten ausländische Piloten das Straßenrennen für sich entscheiden: 1931 Caracciola auf Mercedes, 1940 Huschke von Hanstein im BMW 328 und 1955 Stirling Moss auf Mercedes 300 SLR. Mit diesem verkappten Formel 1-Renner mit der Startnummer 722 zementierte Moss den heute noch gültigen Rekord mit einer Gesamtfahrzeit von zehn Stunden, sie-

Ausgelassene Stimmung: Im Bergdorf Radicofani erhält jeder Klassiker begeisterten Szenenapplaus

ben Minuten und 48 Sekunden für die 998 Meilen (1606 Kilometer) lange Strecke. Das entspricht einer Durchschnittsgeschwindigkeit von 157,65 km/h, eine auch heute noch kaum vorstellbare Leistung.

Dennoch, die größte Heldentat beging Tazio Nuvolari, den sie »il Mantovano Volante«, den fliegenden Mantuaner nannten. Seine Konkurrenten wähnten ihn mit dem Teufel im Bunde, wenn der kleine, drahtige Kämpfer sie wieder einmal mit unterlegenem Material niedergerungen hatte. Nuvolari setzte seiner Fahrkunst mehr als einmal ein Denkmal, etwa 1935, als er mit seinem Alfa Romeo P3 die unschlagbaren Silberpfeile bei ihrem Heim-Grand Prix am Nürburgring demütigte. Mit der Mille Miglia 1948 aber wurde Nuvolari endgültig unsterblich. Damals hatte sich der 56-Jährige eigentlich vom Rennsport zurückgezogen und wollte seine kranken Lungen schonen, doch Enzo Ferrari überredete ihn, mit dem neuen Tipo 166 S noch einmal an dem Straßenrennen teilzunehmen, das Nuvolari schon zweimal gewonnen hatte. Der Mantuaner hatte weder auf der Strecke trainiert, noch war er den neuen Zweiliter-Zwölfzylinder auch nur einen Meter gefahren. Dennoch ging er an den Start. Noch einmal gab er eine atemberaubende

Geschichtsunterricht: Kurze Passagen auf Schotterpässen vermitteln einen Eindruck davon, wie es in den zwanziger Jahren war

Demonstration seiner übernatürlichen Fahrzeugbeherrschung und übernahm nach wenigen Meilen die Führung. Nichts, so schien es, konnte den entfesselten Nuvolari aufhalten, der seine Konkurrenz mit einem Durchschnitt von gut 125 km/h demoralisierte. Bei einem Unfall verlor er einen Kotflügel; als sich am Wendepunkt in Rom die Motorhaube nicht mehr schließen ließ, warf er sie kurzerhand fort. Bei einem weiteren Unfall riss es den Beifahrersitz aus der Verankerung. Dennoch hatte Nuvolari nach dem Futa- und Raticosa-Paß einen Vorsprung von unfassbaren 29 Minuten. »In allen italienischen Städten, in denen Lautsprecher die neuesten Meldungen von Nuvolaris großartigem Rennen übertrugen, waren die Zuschauer dem Wahnsinn nahe«, schrieb seinerzeit der Chronist Giovanni Canestrini. Enzo Ferrari, heißt es, war Nuvolaris Höllenritt unheimlich; angeblich engagierte der Commendatore sogar einen Priester, der den fliegenden Mantuaner aufhalten sollte. Doch der sakrale Beistand war nicht mehr nötig, mit einem Aufhängungsbruch musste Nuvolari kurz vor dem Ziel aufgeben. »Jeder Teilnehmer hat seine persönliche Odyssee hinter sich, hat Abenteuer überlebt und große und kleine Risiken auf sich genommen. Niemals zuvor aber

Déja-vu: Aus einem Torbogen heraus betrachtet erscheinen die Klassiker wie Boten einer vergangenen Epoche

Nachtfahrt: Nach dem abendlichen Start in Brescia kämpfen sich die Fahrer durch die Dunkelheit Richtung Ferrara

Lichtermeer: Nächtliche Momentaufnahme irgendwo zwischen Brescia und Ferrara

hat sich der Geist der Mille Miglia so sehr in einer Person verdichtet wie 1948 bei Tazio Nuvolari«, notierte der Journalist Giovanni Lurani, der damals mit einem Healey zu Nuvolaris Konkurrenten zählte.

Geschichten wie diese begründeten den Mythos Mille Miglia, und die moderne Veranstaltung sorgt dafür, dass die Mythen nicht in Vergessenheit geraten. Immer wieder kommt es zur Berührung mit der Vergangenheit. Der Ausspruch »Geschichte wird lebendig« ist beim 1000 Meilen-Rennen mehr als nur eine leere Floskel. Für den deutschen Piloten Peter Groh beispielsweise ist der historische Bezug das faszinierndste an der Mille Miglia. 1995 nahm er mit exakt jenem Alfa Romeo Gran Premio Tipo B (kurz P3) teil, mit dem sechzig Jahre zuvor der Florentiner Carlo Pintacuda die Mille Miglia gewonnen hatte. Am Abend vor dem Start tauchte plötzlich die Tochter Pintacudas, Fiamma, beim Abendessen im Castello von Brescia auf. Sie hatte aus der Zeitung von der Teilnahme des Alfa P3 ihres Vaters erfahren und wollte nun dem Wagen einen Besuch abstatten.

Solche Szenen gehören zum Alltag der Mille Miglia, ebenso wie die Landschaft Italiens, seine Menschen und seine nonchalanten Polizisten. Von einem kleinen Veteranenrennen 1977 zum 50-jährigen Jubiläum, an dem gerade 150 Klassiker teilnahmen, hat sich die Mille Miglia zu einer Mammutveranstaltung entwickelt. Das Oldtimerrennen ist längst aus dem Schatten der Vergangenheit herausgetreten, allerdings ohne die historischen Wurzeln zu verleugnen, sondern indem es die Mythen der Vergangenheit jeweils aufs Neue zelebriert. Nach wie vor wächst das Zuschauer-, Medien- und Sponsoreninteresse, obwohl eine Steigerung kaum mehr möglich erscheint. Beste Aussichten für die Zukunft also, damit die Mille Miglia auch im dritten Jahrtausend das aufregendste und schönste Oldtimerrennen der Welt bleibt. Wie schrieb doch Canestrini bereits 1936: »Sollte es die Mille Miglia eines Tages nicht mehr geben, so wird etwas unsagbar Schönes aus der Welt des italienischen Motorsports verschwinden.«

Lichtspiele: Mit eher glimmenden als glühenden Scheinwerfern stolpern die Teilnehmer durch die Nacht

Archaische Formen: Manche Klassiker wie dieser Lagonda V12 Le Mans tauchen aus der Finsternis auf wie Relikte aus grauer Vorzeit

Einer der beliebtesten Zuschauerpunkte: Treppe vor der Kirche in Radicofani

Von der vorbeifliegenden Landschaft bleibt nur ein flüchtiger Eindruck: 1600 Kilometer absolvieren die Teilnehmer in drei Tagen

Wie gemalt: Die historischen italienischen Stadtkerne bilden die ideale Kulisse für klassische Automobile

Farbenspiele unterwegs: gelber Ginster, blaues Meer, roter Mille Miglia-Klassiker

Nur im Schritttempo: Menschenmauer auf der Piazza del Campo in Siena

Danke an das Publikum: Bei allen Sonderprüfungen und Zeitvorgaben bleibt den Teilnehmern immer noch genug Zeit zum Winken

Schöner kann man Klassiker nicht einrahmen: Zypressenallee in der Toskana

Typisch toskanesisch, würden der Herr Fotograf jetzt sagen: Ferrari Uovo auf einer sonnendurchfluteten Allee

Mille Miglia statt Grammatik: Entlang der Route bekommt der Nachwuchs selbstverständlich schulfrei zum Winken

Farbenlehre: Keine Frage, Rot ist die beherrschende Farbe auf der Mille Miglia

P
BAR
ZA
923 DK

722

Geschichte der Mille Miglia

Der Beginn einer Legende

1927 startet ein Abenteuer, das sich innerhalb kürzester Zeit zu einem der bedeutendsten Automobilrennen aller Zeiten entwickelt, vergleichbar nur mit den 24 Stunden von Le Mans, den 500 Meilen von Indianapolis oder dem Grand Prix von Monaco: die Mille Miglia.

Der Fahrstil eines Künstlers: Stirling Moss im Mercedes 300 SLR auf dem Weg zum dritten ausländischen Sieg beim 1000 Meilen-Rennen

1000 Meilen über Schotterpisten durch Italien: Minoja und Morandi im O.M. 665 Superba auf dem Weg zum Sieg bei der ersten Mille Miglia im März 1927

Es ist etwa zwei Uhr morgens, als der italienische Journalist Giovanni Canestrini in einer Dezembernacht des Jahres 1926 durch lautes Rufen geweckt wird. Vom Fenster seiner Mailänder Wohnung im dritten Stock eines Hauses in der Via Bonaventura Cavalieri erkennt der 32jährige seine Freunde Aymo Maggi, Franco Mazzotti und Renzo Castagneto, die lautstark Einlass begehren. Es müsse endlich etwas geschehen, meinen die späten Besucher, als alle zusammen in Canestrinis Salon versammelt sitzen. Andernfalls werde der Motorsport in Italien langsam, aber sicher einem Dornröschenschlaf entgegendämmern.

Die Lage erscheint in der Tat ernst. Nach dem Ende der Saison 1926 haben sich Alfa Romeo, Bianchi und Fiat ebenso wie das Gros der ausländischen Konkurrenz aus dem Grand Prix-Sport zurückgezogen. Weit schlimmer aber wiegt für die Brescianer Maggi, Mazzotti und Castagneto, dass ihre Heimatstadt seit einiger Zeit keine Bedeutung mehr im Automobilsport besitzt. Schließlich galt die Industriemetropole südwestlich des Gardasees noch wenige Jahre zuvor als eines der Zentren des Motorsports; zur Rennwoche in Brescia traf sich die internationale Elite, und auf dem naheliegenden Rundkurs Fascia d'Oro zwischen Montechiari und Ghedi hatte Ballot 1921 den ersten Grand Prix von Italien gewonnen. Dann aber ersann Arturo Mercanti, ebenfalls aus Brescia, das Autodrom von Monza, und der Kurs bei Brescia verlor an Bedeutung (seine Landsleute nahmen Mercanti diese Tat so übel, daß er später nur unter dem Pseudonym »Frate Ignoto – Bruder Unbekannt« an der Mille Miglia teilnehmen durfte).

Siegerfoto in Brescia: Ferdinando Minoja und Giuseppe Morandi, Sieger des ersten 1000 Meilen-Rennens

Es muß also etwas geschehen, und im Grunde bieten die wilden Zwanziger auch alle Voraussetzungen für etwas Neues, Gewagtes und Spektakuläres. Lindbergh hat gerade den Atlantik überquert, Nobile flog zum Nordpol und Segrave trieb als erster eine Tachonadel über die 200 Meilen-Marke. Alles scheint machbar, es ist das Jahrzehnt der Geschwindigkeit und der verrückten Rekordfahrten. Trossi und Chiron jagen ihre 12-Zylinder Hispano-Suiza bei einem nächtlichen

Rennen vom Place de la Concorde bis zum Arc de Triomphe mit mehr als 130 km/h durch den Pariser Verkehr; Maggi und Mazzotti, damals Anfang Zwanzig, liefern sich jede Woche im Bugatti oder Isotta-Fraschini ein Rennen mit dem Zug nach Mailand, wo sie sich mit Fahrern wie Nuvolari, Varzi, Borzacchini oder Brilli Peri treffen.

Bei diesen Treffen wird ebenfalls das diskutiert, was in einer nächtlichen Runde Anfang Dezember 1926 konkret werden soll: so bald wie möglich soll wieder ein Motorsport-Ereignis ersten Ranges mit der Rückkehr Brescias als Mittelpunkt stattfinden. Eine Wiederbelebung des alten Kurses scheidet ebenso aus wie eine Rallye; ein Straßenrennen soll es werden, lang, hart und herausfordernd. Jemand schlägt Brescia-Rom vor, doch das hieße automatisch, Brescia als Mittelpunkt zu opfern. »Plötzlich sagte jemand: Warum nicht Brescia-Rom-Brescia«, erinnert sich Canestrini in seinem Buch *Mille Miglia*. Alle schauen auf die Karte von Italien: Es gibt mehrere Möglichkeiten, die Strecke zu legen, aber sie erreicht in jedem Fall einen guten Teil der Halbinsel. Franco Mazzotti, der gerade von einer Reise in die USA zurück kommt, entdeckt, daß die Länge rund 1600 Kilometer beträgt – oder eben 1000 Meilen. »Warum nennen wir es nicht Coppa della Mille Miglia?«, fragt Mazzotti. Damit ist die Mille Miglia geboren; Maggi, Mazzotti, Castagneto und Canestrini, später genannt »die vier Musketiere«, wollen sich um die Organisation kümmern.

Am 4. Dezember 1926 erscheint die erste Meldung in der *Gazzetta dello Sport*, für die Canestrini arbeitet, und am 26. März 1927 um acht Uhr mor-

Unvorstellbar: 1930 schafft Tazio Nuvolari auf einem Alfa Romeo 6C 1750 als erster Fahrer eine Durchschnittsgeschwindigkeit über 100 km/h – auf nach wie vor größtenteils unbefestigten Straßen

Vielleicht der größte Rennfahrer aller Zeiten: Tazio Nuvolari, der fliegende Mantuaner. Der Sieger zahlloser Großer Preise gewann zweimal die Mille Miglia

gens startet mit dem ersten Teilnehmer das Abenteuer Mille Miglia. In dem gewaltigen 7,4-Liter Isotta-Fraschini mit der Startnummer Fünf thront niemand anders als Mitbegründer Aymo Maggi, neben ihm sitzt Bindo Maserati, einer der drei Maserati-Brüder. Insgesamt gehen 77 Teams auf die exakt 1018 Meilen lange Reise von Brescia über Parma, Bologna, Florenz, Siena und Viterbo in die Hauptstadt Rom und über Perugia, Ancona, Pesaro, Modena, Ferrara, Treviso, Felte und Verona wieder zurück.

Zu den prominentesten Fahrern zählt Ferdinando Minoja, der bereits auf gut zwanzig erfolgreiche Rennjahre zurückblicken kann. 1923 hat er den Grand Prix von Europa in Monza auf einem Benz gewonnen, im folgenden Jahr triumphierte er beim Großen Preis von Italien auf einem Alfa P2. Auch sein Beifahrer Giuseppe Morandi hat bereits eine erfolgreiche Karriere hinter sich, zusammen steuern sie einen von drei in Brescia gebauten O.M. Superba mit 80 PS starkem Zweiliter-Sechszylindermotor. Zu ihren härtesten Konkurrenten gehört der Florentiner Brilli Peri, der zusammen mit Bruno Presenti einen Alfa Romeo RLSS mit einem Dreiliter-Sechszylin-

Mit Kompressorgeheul über den Raticosa-Pass: 1931 trieb Rudolf Caracciola seinen aufgeladenen 7,1 Liter Mercedes-Benz SSKL zum ersten Sieg eines nicht-italienischen Teams beim 1000 Meilen-Rennen

der an den Start bringt. Die Werke Bianchi, Itala und Fiat schicken ebenfalls Autos ins Rennen, aus Frankreich kommen Amilcar, Bugatti und Salmson. Selbst Vinzenzo Lancia, sonst dem Rennsport eher abgeneigt, hat sechs Wagen für die erste Mille Miglia vorbereiten lassen. Viele Fahrer verstauen Gepäck und Verpflegung für etwaige Übernachtungen, doch als Minoja und Morandi nach 21 Stunden, vier Minuten und 48 Sekunden als erste wieder in Brescia ankommen und dort elf Minuten auf ihre O.M.-Markenkollegen Danieli und Balestrero warten, ist klar: Die Mille Miglia ist keine Hochgeschwindigkeitsrallye, sondern ein Vollblut-Rennen.

Maggi und Maserati erreichen immerhin den sechsten Platz, obwohl sie den durstigen Isotta-Fraschini elfmal auftanken und drei Reifen wechseln müssen. Doch Reifenschäden und andere Defekte sind damals an der Tagesordnung; vor allem in den ersten Jahren sorgt die Mille Miglia nicht zuletzt für starke Verbesserungen der Zuverlässigkeit und Wartung (in den ersten Rennen etwa wechseln die Alfa-Fahrer noch alle 400 Meilen das Motoröl). Dennoch erreichen 54 Teams das Ziel, darunter auf dem zehnten Gesamtplatz mit einem serienmäßigen Bianchi ein Mann, der sich wie kaum ein zweiter Fahrer in die Geschichte der Mille Miglia eintragen soll: Tazio

Erster Mercedes-Triumph bei der Mille Miglia: Rudolf Caracciola 1931 im gewaltigen, damals noch traditionell weiß lackierten Mercedes-Benz SSKL

Nuvolari. Es vergehen indes noch drei Jahre, bis der Mantuaner erstmals bei der Mille Miglia triumphiert.

Zunächst beginnt 1928 mit der zweiten Ausgabe des 1000 Meilen-Rennens die beispiellose Erfolgserie von Alfa Romeo. Die kompressorgeladenen Rennwagen aus Mailand dominieren die Ära vor dem Zweiten Weltkrieg beinahe nach Belieben; zehnmal brüllen die roten Renner als erste über die Zielrampe. 1928 und 1929 heißt der Sieger Giuseppe Campari, der mit seinem Beifahrer Ramponi jeweils mit deutlichem Vorsprung in Brescia ein-

Zweiter Sieg für ein ausländisches Team: Huschke von Hanstein und Walter Bäumer 1940 im BMW 328 mit Touring-Karosserie

Start zur Siegfahrt: Huschke von Hanstein und Walter Bäumer dominierten die Mille Miglia 1940 mit einem Schnitt von 166,723 km/h

trifft (Ein paar Jahre später hat der korpulente Campari weniger Glück: Sein Beifahrer Sozzi wirft den 2,3-Liter Alfa Romeo nach einem Fahrerwechsel in den Graben; Campari gerät darüber so in Wut, dass er den unglücklichen Mechaniker mit einem schweren Hammer verfolgt, der üblicherweise zum Festschlagen der Radmuttern verwendet wird).

1930 triumphiert endlich Tazio Nuvolari, sein Sieg markiert eine der Sternstunden der Mille Miglia. Zu jener Zeit sind Nuvolari und sein Erzrivale Achille Varzi aus Gallarate vermutlich die einzigen, die einander das Wasser reichen können, zwei Genies am Steuer mit unbändigem Siegeswillen. Um so mehr entzückt die Zuschauer das zu erwartende Duell, als beide auf identischen Alfa 6C 1750 in Brescia erscheinen. Wie immer starten die Fahrer in zeitlichem Abstand, fahren also zunächst nicht direkt gegeneinander, sondern gegen die Uhr. Varzi stürmt als erster über die Startrampe. In der Nacht aber holt der fliegende Mantuaner auf, schaltet seine Scheinwerfer aus, um Varzi in Sicherheit zu wiegen, und geht kurz vor Brescia an dem tobenden Varzi vorbei. Dieser hat so knapp vor dem Ziel keine Möglichkeit mehr zu kontern und muß den Konkurrenten ziehen lassen.

Inzwischen hat das Straßenrennen verstärkt die internationale Aufmerksamkeit angezogen, und immer mehr ausländische Hersteller entsenden Rennwagen und Fahrer nach Brescia. So mischt sich 1930 unter die Phalanx der Italiener ein gewaltiger Wagen in der damals noch traditionellen deutschen Rennfarbe Weiß: Mit seinem Kompressor-Mercedes SSK gelangt der

Ebenfalls im BMW 328 mit stromlinienformiger Karosserie: Brudes/Roese bei der Mille Miglia 1940

Deutsche Rudolf Caracciola auf den sechsten Platz. Dabei dient dieser Einsatz im Grunde nur dem Streckenstudium. 1931 rollt Caracciola wieder an den Start auf der Viale Venezia, diesmal mit einer verbesserten und erleichterten Version, dem SSKL. Mit diesem hell singenden 7,1 Liter-Monster feiert der Rheinländer als erster ausländischer Teilnehmer einen Sieg bei der Mille Miglia.

Die folgenden Jahre gehören wieder den Italienern. 1932 siegt Baconin Borzacchini (der trotz seines russischen Namens aus Terni stammt), 1933 erneut Nuvolari. Im folgenden Jahr rächt sich Varzi für die einige Jahre zuvor erlittene Schmach. Er läßt von Rennstall-Besitzer Enzo Ferrari einen Alfa 8C 2300 auf 2,6 Liter Hubraum aufbohren; Nuvolari vertraut bei seinem 8C 2300 auf die Tuning-Künste von Alfa-Konstrukteur Vittorio Jano. Den Ausschlag aber geben die Reifen: Ferrari montiert handgeschnitzte Pirelli-Gummis an Varzis Alfa, mit denen Nuvolaris Rivale in strömendem Regen wie auf Schienen an dem Mantuaner vorbeizieht. Nuvolari, unterwegs auf rutschigen Dunlop, kann Varzi nur traurig hinterherwinken. In den folgenden Jahren verzichten die Kampfhähne auf eine gemeinsame Teilnahme und konzentrieren sich auf die Grand Prix-Rennen.

Während indes in der GP-Szene die deutschen Silberpfeile dominieren, hat Alfa bei der Mille Miglia weiterhin den Sieg abbonniert, 1935 mit Carlo Pintacuda am Steuer eines zum Zweisitzer umgebauten P3, 1936 mit Antonio Brivio und 1937 wieder mit Pintacuda. Dass Italien 1936 wegen des Krieges in Abessinien unter internationalen Sanktionen steht, führt in diesem Jahr bei der Mille Miglia zu einigen seltsamen Vehikeln im Teilnehmerfeld: Sechs Fahrzeuge husten mit Holzvergaser über die Distanz, der Schnellste benötigt 31 Stunden – dem Sieger Brivio genügen rund 13 Stunden.

Das Rennen 1938 gilt als die letzte klassische Mille Miglia. Clemente Biondettis Sieg auf einem Alfa 8C 2900 B mit einer Durchschnittsgeschwindigkeit von 135,4 km/h ist zugleich der letzte Triumph eines kompressorgeladenen Wagens; durch einen schlimmen Unfall ist die Mille Miglia 1938 auch das letzte Straßenrennen in Italien vor dem Krieg. Von Beginn an haben Kritiker davor gewarnt, ein Rennen auf nicht abgesperrten, öffentlichen Straßen über diese Distanz auszutragen. Doch obwohl es immer wieder zu kleineren Unfällen kommt, zeigt die Statistik, dass während der Veranstaltung auf Italiens Straßen interessanterweise weniger Unfälle passieren als zu normalen Verkehrszeiten. 1938 aber geraten zwei junge Piloten aus Genua bei der Durchfahrt von Bologna mit ihrem Lancia Aprilia in die Zuschauermenge; zehn Menschen sterben an der Unfallstelle, darunter sieben Kinder. 23 wer-

Unbändiger Siegeswille: Mit seiner tollkühnen Fahrt bei der Mille Miglia 1948 setzte sich Tazio Nuvolari ein letztes Mal ein Denkmal. Der fliegende Mantuaner schied in Führung liegend aus

Noch nicht ganz wie bei der modernen Formel 1: Herrmann/Bauer im Porsche 356 1953 am Kontrollpunkt in Rom

den verletzt, die Fahrer selbst bleiben unversehrt. Die italienische Regierung verbietet daraufhin umgehend die Rennerei mitten durch die Städte.

In den folgenden Monaten suchen die vier Musketiere Maggi, Mazzotti, Castagneto und Canestrini fieberhaft nach einem Ausweg. Ein Alternativrennen in Tripolis wird ebenso erwogen wie die Einrichtung neuer Straßenkurse, doch kein Vorschlag findet allgemeine Zustimmung. Im folgenden Jahr pausiert die Mille Miglia somit zwangsweise; erst 1940 gibt es eine schüchterne Wiederauflage: Castagneto organisiert den Gran Premio di Brescia della Mille Miglia auf einem Dreieck mit den Eckpunkten Brescia, Cremona und Mantua. Die 165 Kilometer lange Strecke wird neunmal befahren und addiert sich so zu 1485 Kilometern. Trotz des beginnenden Krieges findet sich auch die Marke BMW am 28. April 1940 in Brescia mit ihrem fortschrittlichen Typ 328 ein, der bereits vor zwei Jahren die Klasse bis zwei Liter Hubraum für sich entschieden hatte. Diesmal reicht es sogar zum Gesamtsieg: Huschke von Hanstein und Walter Bäumer steuern den Zweiliter-Sechszylinder mit Touring-Karosserie auf Platz Eins vor Nino Farina im Alfa 6C 2500. Dies ist nach 1928 erst das zweite Mal, daß die ruhmreiche Alfa-Flotte geschlagen wird.

Der Krieg verhindert weitere sportliche Veranstaltungen, über Europa wird es Nacht. Nach dem Krieg trauern die Musketiere um Franco Mazzotto, der von einem Flugeinsatz über Sizilien nicht mehr zurückgekommen war. Italien liegt in Trümmern, doch nach einigen Jahren kehrt mit der Normalität auch das Interesse am Motorsport zurück. 1947 gibt es wieder eine Mille Miglia – mit 1139 Meilen die längste überhaupt (die Streckenführung wechselt im Lauf der Jahre mehrfach, die heutige Mille Miglia orientiert sich an den letzten Versionen aus den Jahren 1954 bis 1957). Benzin und Reifen

Fünfmal sicherte er sich die Krone in der Formel 1, bei der Mille Miglia indes blieb ihm ein Sieg versagt: Juan Manuel Fangio. 1955 feierte der Argentinier, der ohne die Hilfe eines Beifahrers antrat, im Mercedes 300 SLR den zweiten Platz

sind nach wie vor knapp, so dass jeder Teilnehmer Treibstoff und neue Pirelli-Pneus erhält. Von den 245 eingeschriebenen Fahrzeugen erscheinen allerdings nur 155 am Start – der Rest freut sich vermutlich über die preiswerten neuen Reifen.

Unter den Startern befinden sich auch fünf kleine Cisitalia, erbaut vom Industriellen Piero Dusio und befeuert von einem 1100er Fiat-Vierzylinder. Einen der kleinen Spider steuert Nuvolari – und schreibt damit ein weiteres Kapitel seiner Legende: Mit dem kleinen, nur 60 PS starken Cisitalia liegt der bereits 55jährige Nivola bis kurz vor dem Ziel in Führung vor Clemente Biondetti im Alfa 2900. Das Volk rast, der fliegende Mantuaner wird zum dritten Mal die Mille Miglia gewinnen, und das mit einem Auto, das nicht einmal halb so stark ist wie die Fahrzeuge seiner Gegner. Sintflutartige Regenfälle auf den langen Geraden zurück nach Brescia aber legen die Zündanlage lahm und kosten wertvolle Minuten, zudem kann Biondetti hier die Leistung seines Alfa und den Vorteil der geschlossenen Karosserie ausnutzen. Biondettis Sieg knapp vor Nuvolari markiert den elften und gleichzeitig letzten Triumph für die Mailänder Automobilmanufaktur.

Im folgenden Jahr gibt Alfa Romeo das Zepter an den Mann weiter, der ohnehin in den vergangenen Jahren oft für die Mailänder Rennsiege verantwortlich war: Enzo Ferrari, der seit einem Jahr seine eigenen Wagen baut. Mit einem davon, einem Tipo 166 S, nimmt Nuvolari ein letztes Mal teil. Journalisten werden diese 15. Mille Miglia später als das größte Rennen aller Zeiten bezeichnen: Vom Start weg geht der 56jährige in Führung, baut sie immer weiter aus, verliert Kotflügel, Motorhaube und Beifahrersitz, führt immer noch mit unfaßbarem Vorsprung von 29 Minuten – und muss doch kurz hinter Reggio Emilia, wenige Meilen vor dem Ziel, mit einem Aufhängungsbruch aufgeben. »Verzeih mir, daß ich gewonnen habe«, schreibt ihm Teamkollege Clemente Biondetti anschließend, der im folgenden Jahr mit seinem vierten Siegerpokal sogar zum Rekordsieger wird.

Mit dem neuen Jahrzehnt erklimmt die Mille Miglia ihren Zenit, nach den klassischen Rennen bis 1938 folgen nun die goldenen Jahre. Die besten Renn- und Sportwagen sind am Start in Brescia vertreten, ebenso die besten Piloten aus aller Herren Länder. Die Starterliste liest sich wie das Who is Who des Motorsports, Castellotti, Collins, Gendebien, Musso, Parnell, Scarfiotti, Taruffi, Trintignant und Villoresi erscheinen in Brescia, aus Deutschland kommen unter anderem Herrmann, Kling, Linge, Strähle und Graf Berghe von Trips, selbst der große Fangio kann der Her-

Das Siegerteam 1955: Konstrukteur Rudolf Uhlenhaut, Beifahrer Denis Jenkinson, Rennleiter Alfred Neubauer und Pilot Stirling Moss (von links)

ausforderung nicht widerstehen. Ab 1953 zählt das 1000 Meilen-Rennen außerdem zur Sportwagen-Weltmeisterschaft. Auch die Anzahl der Teilnehmer steigt sprunghaft, ebenso die Anzahl der Klassen: Zeitweise gibt es 27 verschiedene Wertungen, Spötter nennen die Mille Miglia einen »Preis für jedermann«. 1955 rollen nicht weniger als 521 Autos über die Startrampe.

Doch das Siegen bleibt schwierig und für die ausländische Konkurrenz nahezu unmöglich. 1950 gewinnt der 22jährige Giannino Marzotto und verblüfft Zuschauer und Teilnehmer, als er im Ziel in einem makellosen Anzug aus seinem Ferrari klettert. 1951 geht der Sieg an Gigi Villoresi, 1952 an Bracco und 1953 an Marzotto – alle auf Ferrari. 1954 unterbricht Alberto Ascari auf Lancia die Ferrari-Monotonie und 1955 schlägt die große Stunde für Stirling Moss und Denis Jenkinson im Mercedes 300 SLR. Bei dem silbernen Zweisitzer handelt es sich im Prinzip um einen auf drei Liter Hubraum aufgebohrten Formel 1 mit Direkteinspritzung, desmodromischer

Bis 1957 bedeutete die Startnummer auch gleichzeitig die Startzeit: Für Paul Ernst Strähle und Herbert Linge 1956 also 37 Minuten nach Mitternacht

Ventilsteuerung und rund 300 PS. Moss und Jenks haben mehrfach die Strecke trainiert, wobei Jenkinson alle Details auf einer Rolle aufzeichnet und später beim Rennen vorliest. Das Ergebnis lautet in Zahlen zehn Stunden, sieben Minuten und 48 Sekunden oder eine Durchschnittsgeschwindigkeit von 157,65 km/h – der bis heute gültige Rekord. 1956 kontert Ferrari wieder mit dem Piloten Eugenio Castellotti, 1957 mit Piero Taruffi.

Dennoch, seit dem ersten Rennen 1927 hat sich die Fahrzeit mehr als halbiert, und Marzotto beschreibt das Problem anschaulich: »Unsere Autos beschleunigen leicht von Null auf 300 km/h – das Problem beginnt bei der

Abschiedsvorstellung: Paul Ernst Strähle und Herbert Linge wenige Meter vor dem Klassensieg im Porsche 356 Carrera mit dem berühmten Kennzeichen WN-V2 bei der letzten Mille Miglia 1957

Rückkehr von 300 auf Null.« Längst ist die Mille Miglia ein Anachronismus, und am 12. Mai 1957 passiert, was alle befürchtet haben: nach 1938 der zweite schwere Unfall mit Zuschauern. In Guidizzolo, weniger als 40 Kilometer vom Ziel in Bescia entfernt, verliert Alfonso Cabeza de Vaca, der 17. Marquis de Portago, durch einen Reifenschaden die Kontrolle über seinen Ferrari. Der 28jährige Neffe des spanischen Königs Alfonso rast mit 300 km/h in die Zuschauer; er selbst, sein Beifahrer Nelson und zehn Zuschauer sind sofort tot. Das ist das Ende, die Regierung verbietet sofort alle Rennen dieser Art: Die 24. Mille Miglia ist zugleich die letzte.

Wieder suchen alle Beteiligten nach einem Ausweg, doch diesmal gibt es, anders als 1940, keine halbwegs passende Lösung mehr. Zu frisch ist in der Öffentlichkeit die Erinnerung an die Le Mans-Katastrophe von 1955, als durch eine Verkettung unglücklicher Umstände der Mercedes des Franzosen Leveigh quasi in der Luft explodierte und durch die Trümmer 87 Menschen auf der Haupttribüne starben. Die Mille Miglia in ihrer ursprünglichen Form als Straßenrennen über ungesicherte 1600 Kilometer hat ausgedient, das Rad der Zeit läßt sich nicht zurückdrehen. Zwar organisiert Renzo Castagneto 1958 zusammen mit Bruno Boni, dem Bürgermeister von Brescia, eine Art Rallye. Diese jedoch wird nach zwei weiteren Auflagen 1959 und 1961 mangels Beteiligung und Interesse eingestellt. Langsam verblasst in Brescia die Erinnerung an die Mille Miglia, daran kann auch eine kleine Rallye für Vorkriegswagen im Jahr 1967 zum Jubiläum wenig ändern.

1977 aber, 50 Jahre nach der ersten Mille Miglia, erzählen sich die damals noch vergleichweise wenigen Liebhaber klassischer Automobile hinter vorgehaltener Hand von einer Sensation: die Mille Miglia soll wieder aufleben. In der Tat organisiert der Musical Watch Veteran Car Club wieder ein 1000 Meilen-Rennen auf der alten Strecke, diesmal allerdings als Gleichmäßigkeitsrallye für klassische Automobile (der ungewöhnliche Name des im Oktober 1958 gegründeten Clubs von Oldtimer-Liebhabern aus Brescia kommt von einer großen Standuhr im Versammlungszimmer; die drei Gründer waren der Ansicht, die Motoren ihrer Klassiker liefen ähnlich wie diese Uhr). 100 klassische Automobile reisen zur ersten Mille Miglia storico an, am Ende gewinnt das deutsche Team Hepp/Bauer auf Alfa Romeo RLSS.

Der Rest ist die Geschichte eines unglaublichen Erfolgs: nach 1982, 1984 und 1986 findet die Mille Miglia jährlich statt und hat sich zum Mittelpunkt für alle Fans und Fahrer klassischer Automobile entwickelt. Doch immer noch gilt, was der Journalist Jacques Ickx, Vater des Formel 1-Piloten Jacky Ickx, einst notierte: »Die Mille Miglia ist ein ganzes Leben, das in zwölf Stunden durchlebt wird. Es ist die Quintessenz des Abenteuers und ein Beitrag zur Herausforderung des Unmöglichen. Die Mille Miglia mag ein Ausbund an Torheit sein, ein sportlicher Wahnsinn, aber sie ist immer glorreich und heldenhaft.«

314

Fahrzeugabnahme – die Autos der Mille Miglia

STRASSEN-FEST

Anfang Mai verwandelt sich die lombardische Industriemetropole Brescia in die Hauptstadt der Mille Miglia. Einwohner, Teilnehmer und Zuschauer zelebrieren die Fahrzeugabnahme auf der altehrwürdigen Piazza della Vittoria wie ein einziges großes Stadtfest.

Hier ist der Name Programm: Ferrari 250 Mille Mig ia von 1953 mit Dreiliter-Zwölfzylindermotor

Die Einladung lautet in jedem Jahr gleich und ist immer wieder schön: »Lasst uns wieder auf der Piazza della Vittoria treffen, in Brescia, der Hauptstadt der Mille Miglia«, schreibt der veranstaltende Musical Watch Veteran Car Club alljährlich in das Programm zum 1000 Meilen-Rennen. Der Aufforderung folgen mittlerweile viele tausend Fans und Zuschauer aus aller Herren Länder und strömen zur Fahrzeugabnahme in das mittelalterliche Zentrum von Brescia. Mit der technischen Abnahme direkt vor dem Hotel Vittoria, einst wie jetzt beliebte Herberge für die Fahrer, beginnt die Mille Miglia – und nicht wenige vertreten die Ansicht, die Abnahme sei gleichzeitig der Höhepunkt der Veranstaltung.

In der Tat wird dieser kleine, hoffnungslos überfüllte Innenstadtbereich mit seinen verwinkelten Gassen, dem abgetretenen Pflaster und den historischen Gebäuden für ein paar Stunden zum Mittelpunkt der Oldtimerwelt. Hier trifft sich die versammelte Szene der Klassik-Liebhaber; manche Leute hat man ein Jahr lang nicht gesehen – zur Fahrzeugabnahme in Brescia aber sind sie da. Sie sitzen in den Straßencafes, trinken Espresso und plaudern, sie flanieren durch die Straßen und erkunden die Schaufenster, die oft mit Mille Miglia-Accesssoires, Plakaten oder alten Zeitungsausschnitten geschmückt

Hier beginnt die Mille Miglia: Auf der Piazza della Vittoria in Brescia trifft sich zur Fahrzeugabnahme ein Querschnitt der besten Sport- und Rennwagen von 1927 bis 1957

Primus inter Pares: Der in Brescia gebaute O.M. Superba mit Zweiliter-Sechszylindermotor gewann 1927 das erste 1000 Meilen-Rennen und erhält daher immer die Startnummer Eins

Er gehört zu den aufregendsten Sportwagen der Vorkriegs-Ära: Der Alfa 8C 2300 Monza mit Kompressor-Achtzylinder. Ein Auto wie eine Skulptur

sind, vor allem aber machen sie eines: Sie genießen den Anblick der Teilnehmer-Fahrzeuge, die nach und nach auf die Piazza rollen.

360 Klassiker fahren in jedem Jahr mit, ein Querschnitt der besten Renn- und Sportwagen, die zwischen 1927 und 1957 gebaut wurden. Mögen sich ihre Fahrer auch noch so herausputzen, die Autos sind die Hauptdarsteller der Mille Miglia. Ein Drittel der Fahrzeuge stammt aus Italien, ein weiteres knappes Drittel trägt eine deutsche Zulassung. Vor allem unter den Vorkriegswagen ist der Anteil teutonischer Besitzer besonders groß. Starke Beteiligung zeigen auch England, die Schweiz, Argentinien, Holland und Japan; insgesamt entsenden rund 25 Nationen Autos zur Mille Miglia. Die Markenvielfalt erreicht locker die doppelte Anzahl, wobei große Namen wie Alfa, Bugatti, Ferrari oder Mercedes gleich mit mehreren Dutzend Wagen an den Start gehen; von kleinen, teils längst vergessenen Typen wie dem italienischen Giaur Taraschi oder dem englischen Kieft wartet zumeist nur ein Fahrzeug auf die Abnahme.

Die meisten Autos werden von ihren Fahrern oder Mechanikern durch das Gewirr geschoben, da die zum Teil empfindlichen Rennmotoren bei dem Schritttempo durch die Altstadt schnell heißlaufen würden. In einer leichten Schleife aus

Hier wird Geschichte lebendig: Auf diesem Alfa Romeo Gran Premio Tipo B mit der leicht verwitterten Lackierung gewann Carlo Pintacuda 1935 die Mille Miglia

zwei Richtungen geht es seitlich vor dem Hotel Vittoria zur Abnahme, die traditionell von filigranen hölzernen Barrieren abgesperrt wird. Den meisten dieser Holzgatter sieht man ihr Alter an, manche dienten schon vor gut fünfzig Jahren als Absperrung. Die Tradition der Fahrzeugabnahme auf der Piazza reicht weit zurück, nur in den ersten Jahren mußte die technische Untersuchung auf einen Platz in der Nähe des Starts an der Viale Venezia ausweichen, weil die Piazza della Vittoria eine einzige Baustelle war.

Hinter den Absperrungen bei der Abnahme scheint das Gewimmel jeweils noch größer zu sein als davor. Hier erhalten die Teilnehmer nach einem prüfenden Blick in die Fahrzeugpapiere und einer kurzen, eher oberflächigen Inspektion des Fahrzeugs ihr Roadbook und die Startnummern, die in

Weiße Gewalt: Wenn der Fahrer eines Kompressor-Mercedes das Gaspedal ganz durchdrückt und der Kompressor hell zu kreischen beginnt, springen Uneingeweihte schon mal vor Schreck in den Graben

der Regel an Ort und Stelle aufgeklebt werden. Die Ehre der Nummer Eins ist üblicherweise einem O.M. Superba vorbehalten, jenem Typ, der 1927 unter Ferdinando Minoja und Giuseppe Morandi vor zwei Markenkollegen die erste Mille Miglia gewann. O.M. steht für Officine Meccaniche, und gebaut wurden die Wagen nicht weit weg vom Start, nämlich in Brescia selbst. Heutzutage kennen nurmehr Insider die Marke als Hersteller von Lastwagen. In den zwanziger Jahren zählte die Firma zu den erfolgreichsten Sportwagen-Manufakturen, obwohl der Industriekonzern O.M. erst 1918 nach Übernahme des ebenfalls in Brescia beheimateten Herstellers Brixia-Züst (Brixia ist ein alter Name für Brescia) überhaupt begonnen hatte, Autos zu bauen. Schnell stellten sich sportliche Erfolge ein, etwa in Le Mans oder bei der Coppa delle Alpi. Der größte Triumph aber waren sicherlich die Plätze Eins, Zwei und Drei bei der Mille Miglia 1927.

Eilige Chef-Sache: Daimler-Chrysler Classic-Oberhaupt Max Gerrit von Pein schließt die Flügeltür des Mercedes-Benz 300 SL Prototipo

Schaut man bei der Abnahme unter die lange Motorhaube der gern bei Zagato eingekleideten O.M. (in jenen Jahren war es üblich, bei einem Hersteller nur Chassis und Motor zu ordern und den Aufbau bei einem Karossier in Auftrag zu geben), so überrascht zunächst eine gähnende Leere: Während die Konkurrenz seinerzeit schon auf Motoren mit ein oder zwei obenliegenden Nockenwellen vertraute, handelt es sich bei dem Zweiliter-Reihensechszylinder des O.M. um einen schon damals technisch veralteten Seitenventiler. Dennoch schaffte es sein Erbauer, Ingenieur Ottavio Fuscaldo aus Verona, die Leistung mittels eines Kompressors auf 80 PS anzuheben, genug für eine Höchstgeschwindigkeit von knapp 140 km/h. Das unsynchronisierte Getriebe verfügt über vier Gangstufen, das Fahrwerk mit Starrachsen vorne und hinten und mechanisch betätigten Trommelbremsen von zweifelhafter Wirkung entspricht dem zeitgenössischen Standard. Dennoch kann man mit dem O.M. gut im Verkehr mithalten, wenngleich eine Probefahrt Hochachtung lehrt vor den Altvorderen: Mit diesem Vehikel eine Durchschnittsgeschwindigkeit von knapp 80 km/h zu erzielen wie einst Minoja und Morandi bei der ersten Mille Miglia, inklusive Ortsdurchfahrten und Apenninenpässe, ist schon eine großartige, kaum vorstellbare Leistung.

Das Team von auto motor und sport: Richard Stolz und Chefredakteur Bernd Ostmann im werkseigenen Porsche 550 Spyder

Die Vormachtstellung der Lokalmatadoren von O.M. dauerte indes nur ein Jahr; ab 1928 begann der Siegeszug der Alfa Romeo aus dem Mailänder Vorort Portello. Und wenn man sich heute ein typisches Mille Miglia-Auto vorstellt, dann dürfte dies am ehesten ein Vorkriegs-Alfa sein. Stolz, beinahe ein wenig unnahbar warten sie an der technischen Abnahme, oft blättert der dunkelrote Lack an einigen Stellen von den Aluminium-Karosserien, und an den Kotflügeln und Hauben zeigen sich Spuren vergangener Rennschlachten. Zuschauer können sich der Faszination eines 6C 1750, 8C Monza oder P3 kaum entziehen. Die Rennwagen umgibt eine kraftstrotzende, beinahe animalische Ausstrahlung. Wären es Pferde, würden sie mit den Hufen scharren.

Als Enzo Ferrari 1920 zu Alfa gegangen war, hatte er als erstes den ungarischstämmigen Konstrukteur Vittorio Jano von Fiat abgeworben. Es war einer der vielen schlauen Schachzüge Ferraris: Jano konstruierte in den folgenden Jahrzehnten ein Meisterwerk nach dem anderen. Nach dem Rennwagen P2 entwarf er als zweiten Geniestreich den Sportwagen 6C, zunächst mit 1500, später mit 1750 ccm. Mit zwei obenliegenden Nockenwellen und Kompressor leistete der Sechszylinder-Reihenmotor mit Graugussblock und angegossenem Zylinderkopf bis zu 108 PS. Tazio Nuvolari trieb den 170 km/h schnellen 6C bei der Mille Miglia 1930 als erstes Fahrzeug über eine Durchschnittsgeschwindigkeit von 100 km/h. Der spätere Ferrari-Weltmeister und gelegentliche Mille Miglia-Teilnehmer Phil Hill urteilt über den Typ 6C, er »verkörperte zu seiner Zeit die ideale Kombination aus geschmackvollem Styling, günstigem Leistungsgewicht und gutem Handling.«

Auf den 6C folgte 1931 der gewaltige Typ 8C. Wie der Name andeutet ein Achtzylinder, der aber im Prinzip aus zwei hintereinander angeordneten

Leichtmetall-Vierzylinderblöcken besteht. Bei genauem Hinsehen erkennt man zwischen den Zylindern den Stirnradsatz, der die beiden obenliegenden Nockenwellen antreibt. Mittels Kompressor – bis einschließlich 1938 wurde jede Mille Miglia von einem per Kompressor aufgeladenen Wagen gewonnen, danach war diese Form der Leistungssteigerung verboten – schöpft der 8C aus 2,3-Liter Hubraum 165 PS bei 5400 Umdrehungen und beschleunigt den 920 Kilogramm leichten Zweisitzer auf über 210 km/h.

Das klingt bereits eindrucksvoll. Spätere Versionen indes mit mehr Hubraum, besonders aber der Grand Prix-Rennwagen P3, stellen über 300 PS aus bis zu 3,8 Liter Hubraum und zwei Kompressoren bereit. Das dumpfe Grollen aus dem schräg angeschnittenen, armdicken Auspuff dieser Boliden kommt also nicht von ungefähr, und so mancher Fahrer eines modernen Seriensportwagens muß auf offener Straße fassungslos zusehen, wie einer der bis zu 270 km/h schnellen Rennwagen ihn am Ortsausgang ausbeschleunigt und als kleiner dunkelroter Punkt am Horizont entschwindet. Vor der schie-

Lebende Legende: Paul Ernst Strähle in seinem Porsche 356 Carrera (Kennzeichen WN-V2), nach rund 40 Jahren wieder bei der Mille Miglia dabei

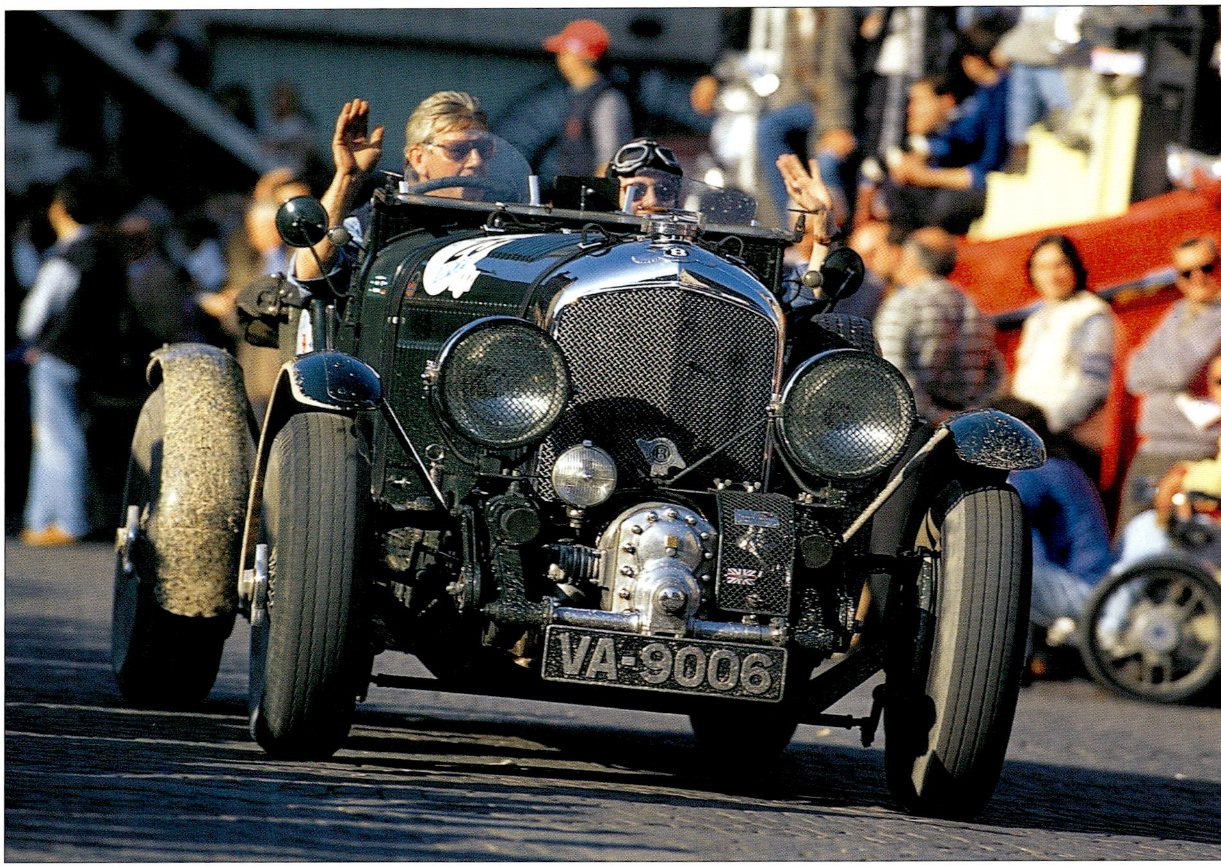

Riesig wie eine Lokomotive und mit mächtig viel Dampf: Bentley Blower mit kompressorgeladenem 4,5 Liter-Vierzylinder-Vierventiler – 180 PS bei 3500 Umdrehungen

ren Leistung der Alfa und ihrem harmonischen Fahrwerk müssen eben mitunter auch mehr als sechs Jahrzehnte Fortschritt im Automobilbau passen.

Zwar nicht ganz so schnell, aber fast, vor allem aber nicht weniger eindrucksvoll setzen sich die gewaltigen Bentley in Szene. »Monsieur Bentley bauen schnelle Lastwagen«, soll Ettore Bugatti einst über die Konstruktionen von W.O. Bentley gesagt haben, und in der Tat wirkt beinahe jedes andere Auto neben einem Bentley klein. Bei der Mille Miglia waren die grünen Monster zwar (mangels Beteiligung) nie erfolgreich, dafür siegten die Hubraumriesen fünfmal in Le Mans. Der berühmteste Typ ist der 4.5 litre Blower, von denen 50 Stück auf Drängen des britischen Privatfahrers und Bentley-Enthusiasten Tim Birkin für Le Mans 1930 gebaut wurden. Der Vierzylinder-Vierventiler mit obenliegender, königswellengetriebener Nockenwelle leistet rund 180 PS bei gemütlichen 3500 Umdrehungen. Wenn einer dieser Hubraumriesen vor dem Start beinahe gelangweilt vor sich hinblubbert, gewinnt man den Eindruck, jede Detonation in diesem Explosionsmo-

Gewaltiger Zwölfzylinder und eine Karosserie wie ein prähistorisches Insekt: Einer von zwei gebauten Lagonda V12 Le Mans, erdacht von W.O. Bentley

tor treibt den Wagen 50 Meter weit. Wobei ein 4,5 Liter beinahe noch eine harmlose Variante darstellt. Wenn ein Spezialist wie der Engländer Stanley Mann richtig schnell sein will – und das will er oft –, dann setzt er einen Achtliter-Sechszylindermotor in ein Dreiliter-Chassis, und was dann beim Tritt auf das Gaspedal passiert, erinnert die Besatzung am ehesten an eine zurückschwappende Atlantikwelle.

Die Kehrseite der Medaille sind gewaltige Spritverbräuche, bei Volllast genehmigen sich die Bentley bis zu 50 Liter auf 100 Kilometer. Darüber können Bugatti-Fahrer nur schmunzeln; Vorkriegs-Spezialist Thomas Feierabend etwa kommt mit dem 100 Liter-Tank seines Typ 37 beinahe 1000 Kilometer weit. »Einmal tanken auf der Strecke reicht«, meint er. Kein Wunder, schließlich wiegt sein filigraner 1,5 Liter-Vierzylinder nur wenig mehr als 600 Kilogramm und stanzt auch keine scheunentorgroßen Löcher in die Atmosphäre. Optisch ähnelt der Vierzylinder-Typ 37 bis aufs Haar seinem großen Bruder, dem legendären Typ 35. Dieser ist mit 1851 dokumentierten Siegen zwischen 1924 und 1927 nicht nur der erfolgreichste Rennwagen aller Zeiten, sondern sicherlich auch eines der schönsten Automobile, das je gebaut wurde. Jedes Detail an diesen meist Gauloises-blau lackierten Vollblütern zeugt von Ettore Bugattis Streben nach ästhetischer Vollendung, angefangen von der wie ein Kunstwerk gefertigten Vorderachse über den hufeisenförmigen Grill bis hin zu den erstmals verwendeten Leichtmetall-Rädern. Der vollkommen glatte, rechteckige Zweilitermotor beherbergt acht Kolben groß wie Cappuccinotassen, eine obenliegende, königswellengetriebene Nockenwelle und je Brennraum zwei Einlaß- und ein Auslaßventil. Je nach Ausführung leistet er bis zu 135 PS, das genügt für eine Spitze von 215 km/h.

Ein Wink für den Fotografen: Seltener Invicta 4.5 S von 1932

Wenn nun ein blauer Bugatti, ein roter Alfa und ein grüner Bentley bei der Fahrzeugabnahme stehen, dann fehlen nur noch wenig Schattierungen im internationalen Farbenspiel – schließlich war es seinerzeit üblich, daß jedes Land mit einer eigenen Farbe an den Start ging: Grün für England, Blau für Frankreich, Rot für Italien, Gelb für Belgien – und Weiß für Deutschland. Das legendär gewordene Silber kam nämlich erst später, 1934, als Mercedes-Rennleiter Alfred Neubauer vor dem Eifelrennen die Farbe von seinen

Titanen unter sich: Bentley Blower und Kompressor-Mercedes bei einer Ortsdurchfahrt – kurze Verschnaufpause vor dem traditionellen Landstraßenduell

um ein Kilogramm zu gewichtigen Mercedes-Rennwagen kratzen ließ und das blanke Aluminium zum Vorschein kam. Zuvor aber prangten die teutonischen Rennwagen in strahlendem Weiß, beispielsweise auch der gewaltige Mercedes SSKL, mit dem Rudolf Caracciola 1931 als erster Ausländer die Mille Miglia gewann. Heute gehört der Weiße Riese zu den absoluten Publikumslieblingen der Mille Miglia. Der mächtige, dank zuschaltbarem Kompressor 250 PS starke 7,1 Liter-Reihensechszylinder trägt das Prädikat massiver Maschinenbau, seine markerschütternden Lebensäußerungen sind einzigartig. Auf der Landstraße teilt der besternte Kühler bei Bedarf den Verkehr wie ein Ozeanriese das Meer, und wenn ein Kompressor-Mercedes auf offener Landstraße auf einen Bentley trifft, dann liefern sich die beiden ein wahres Titanenduell.

Zusammen mit den Kompressor-Mercedes begeben sich üblicherweise auch die anderen Teilnehmer aus Stuttgart-Untertürkheim zur Abnahme, darunter ein ganzes Rudel 300 SL-Flügeltürer, vor allem aber der 300 SLR-Rennsportwagen, der Siegerwagen von Stirling Moss und Denis Jenkinson bei der Mille Miglia 1955. Mit dem Typ 300 SLR hatte die Mercedes-Rennabteilung den Fahrern in jenem Jahr ein beinahe unschlagbares Einsatzgefährt zur Verfügung gestellt. Unter der elegant geformten Außenhaut aus einer Magnesium-Legierung verbirgt sich dieselbe effiziente Formel 1-Technik, mit der auch Juan Manuel Fangio Weltmeister in der Königsklasse des Motorsports wurde: Ein stark zur Seite geneigt eingebauter, im Grunde aus zwei Vierzylindern bestehender Reihenachtzylinder mit desmodromischer Ventilsteuerung (dabei werden die Ventile nicht über Federn geschlossen, sondern mit speziellen Schließ-Kipphebeln; einzig der Motorrad-Hersteller Ducati verwendet bis heute diese überaus aufwendige Ventilsteuerung) und Benzin-Direkteinspritzung. Rund 300 PS presst das Wunderwerk aus drei Litern Hubraum und beschleunigt den silbernen Renwagen leicht an die 300 km/h-Marke. Von Zeit zu Zeit bewegt Altmeister Moss selbst seinen einstigen Siegerwagen. Wer genau hinschaut, kann seinen wunderbar präzisen Stil bewundern; Moss lenkt den Mercedes beinahe nur mit den Fingerspitzen.

Neben den beiden Mercedes gibt es nur ein weiteres nicht-italienisches Fahrzeug, das ebenfalls die Mille Miglia gewonnen hat: der BMW 328. Auch er zählt zu den großen Helden der Mille Miglia, der schlanke Sportwagen aus München, der seiner Zeit in den dreißiger Jahren so weit voraus war, dass er auch nach dem Krieg noch gut mithalten konnte. Beim Anblick seines Zweiliter-Sechszylindermotors darf man sich nicht täuschen lassen: Was aussieht wie zwei obenliegende Nockenwellen, beherbergt vielmehr einen ganzen Wald voller Stößelstangen und eine untenliegende Nockenwelle. Auch einen Kompressor suchen Betrachter vergebens, dennoch leistet das kleine Kraftwerk in der Rennversion rund 140 PS. Das reichte in Zusammenarbeit mit dem harmonischen Fahrwerk und den guten Bremsen 1940 Huschke von Hanstein und Walter Bäumer zum Gesamtsieg.

Ein Kunstwerk auf Rädern: Bugatti 37 A, geboren 1928 im elsässischen Molsheim. Dieser könnte ein wenig Wasser und Seife vertragen

Dritter im Bunde der deutschen Hersteller ist Porsche. Die Zuffenhausener konnten zwar nie einen Gesamtsieg erringen, dafür aber jede Menge Klassensiege. Neben dem 356 sorgt vor allem der 550 Spyder mit seinem vor der Hinterachse montierten Fuhrmann-Motor – ein von Ernst Fuhrmann konstruierter Vierzylinder-Boxer mit je zwei königswellengetriebenen obenliegenden Nockenwellen, 1500 ccm und rund 120 PS – für Aufsehen. »Giftig, aber wunderbar«, nennt *auto, motor und sport*-Chefredakteur Bernd Ostmann den kleinen Spyder, der auf engen

Passstraßen nur wenig Gegner fürchten muß und dabei herrlich kräftig aus dem mittig angeordneten Auspuff trompetet. Mit dem Porsche 550 verknüpft ist auch eine der bekanntesten Anekdoten der Mille Miglia: 1954 kam Hans Herrmann um einen Rechtsbogen herum, als er sich einem Zugübergang, einem herannahenden Zug und einer schon beinahe geschlossenen Schranke gegenüber sah. Zum Bremsen war es längst zu spät. Geistesgegenwärtig schlug Herrmann seinem Beifahrer Herbert Linge auf den Kopf, beide duckten sich und rutschen direkt vor dem Zug unter der Schranke hindurch. Am Ende reichte es noch für den sechsten Gesamtplatz und, beinahe obligatorisch, den Klassensieg.

In gewisser Hinsicht nahm die Mille Miglia 1957 für Porsche ein zu frühes Ende. Sonst hätten sich die Zuffenhausener wohl auch hier, wie beinahe bei jedem Rennen, irgendwann einmal in die Siegerliste eingetragen. So aber ging der Gesamtsieg fast immer an den späteren Erzrivalen in der Sportwagen-WM, Ferrari: Achtmal siegten die Rosso Chiara (schreiendes Rot) lackierten Rennwagen aus Maranello zwischen 1948 und 1957; lediglich

Fragil, aber dennoch nicht unbedingt langsam: Bugatti 13 Brescia

Etikettenschwindel: Ein Ferrari 250 TdF (Tour de France) von 1957 auf der Mille Miglia

L. Beltramè
P. De Luca
FIN ECO
272

1954 (Lancia D24) und 1955 (Mercedes) hatten die brüllenden Zwölfzylinder das Nachsehen. Die Siegesserie begann 1948 mit dem Ferrari 166, den Clemente Biondetti nach Nuvolaris Ausfall am schnellsten über die 1000 Meilen durch Italien trieb. Rund 140 PS leistet der Zwölfzylinder mit 60 Grad Zylinderwinkel, obenliegenden Nockenwellen und zwei Litern Hubraum. Wenn ein Pilot nach der Abnahme das Triebwerk zündet, über die Piazza zum Start rollt und die alten Gemäuer den aggressiven Schrei aus den zwei Endrohren wiedergeben, jagt es den Fans einen Schauder über den Rücken – so schön kann Lärm sein.

Für Enzo Ferrari bedeutete die Mille Miglia – neben dem Prestige eines Sieges beim härtesten Straßenrennen der Welt – auch eine praktische Herausforderung: »Kein anderer Härtetest kann mit der Mille Miglia verglichen werden«, sagte er einst. Für das Rennen von Brescia nach Rom und zurück ließ der Commendatore einige seiner besten Kreationen bauen, und jeder einzelne Ferrari, egal ob 166 Mille Miglia (Sieger 1949), Tipo 195 S (1950), Tipo 340 America (1951), Tipo 250 S berlinetta (1952), 340 MM (1953), Tipo 290 MM (1956) oder Tipo 315 S (1957) ist ein Nationalheiligtum, entsprechend werden die Fahrzeuge auf der Mille Miglia umjubelt. Wobei die Italiener fair sind und selbstverständlich auch die Konkurrenz von Maserati oder Lancia heftig beklatscht. Im Grunde reicht es, wenn die Autos ein rotes Gewand tragen.

Kräftigen Szenenapplaus erhalten aber auch die vielen kleinen, hubraumschwachen Fahrzeuge wie etwa Fiat Topolino oder Renault 4 CV. Oder auch

Seltenes Gefährt: Ferrari Uovo, ein Einzelstück mit einem 166er-Chassis und einem 212er-Motor

die kleine BMW Isetta, die in jedem Jahr mitfährt, an jeder Steigung von nebenherlaufenden Schulkindern angefeuert wird und die wahrscheinlich das einzige Fahrzeug ist, das nach wie vor die gesamten 1000 Meilen Vollgas fährt. Dazu kommen die vielen teilweise skurrilen Konstruktionen italienischer Kleinhersteller wie etwa der Giaur Taraschi 750 S. Mit 52 PS aus den 750 ccm einer getunten Fiat Topolino-Maschine knarrt der kleine Zweisitzer heran und verschafft sich mit kräftigem Klang Respekt. Siata, Bizzarrini, Stanguellini oder Cisitalia sind weitere Kleinhersteller, die die Mille Miglia-Starterliste bereichern.

Eine Beule für jeden Kopf der Besatzung: himmelblauer Abarth 750 Zagato

Zu den Pretiosen und Kuriositäten warten an der Abnahme die weiter verbreiteten Klassiker wie etwa Alfa Romeo 1900, MGA, Triumph TR 2, Austin-Healey 100 oder Jaguar XK 120, die man auch hierzulande oft bei Oldie-Rennen sieht. Sie dürfen nicht fehlen, schließlich zählt es zu den Reizen der Mille Miglia, daß etwa ein simpler, robuster Triumph TR mit einem hochgezüchteten Ferrari oder Maserati und einem Kompressor-Alfa um den Sieg kämpft. In ihrer Mischung jedenfalls ist die Mille Miglia einzigartig; das rollende Museum, das sich einmal im Jahr in Brescia versammelt, gibt es nirgendwo sonst. Und so ist es kein Wunder, dass auch in den nächsten Jahren wieder die versammelte Klassik-Szene Anfang Mai in die mittelalterliche Innenstadt strömen wird, wenn es heißt: »Laßt uns wieder auf der Piazza della Vittoria treffen.«

Publikumsnah: Ferrari faszinieren, keine Frage. Geliebt werden indes von den Zuschauern eher bodenständige Charaktere wie dieser Triumph TR 3

Unterwegs – die Menschen der Mille Miglia

HELDEN WIE WIR

Die 360 klassischen Rennfahrzeuge sind die Hauptdarsteller der Mille Miglia, keine Frage. Doch erst die Menschen erfüllen die Veranstaltung mit Leben: Die Prominenten, die alte Rennfahrer-Garde, die Piloten, vor allem aber die vielen Fans und, nicht zuletzt, die Carabinieri.

Entrückte Stimmung: Faszinierende Gegenlicht-Aufnahme eines Piloten mit traditionellem Mille Miglia-Helm

Parade der Kostbarkeiten: Tausende Zuschauer entlang der 1000 Meilen langen Route machen die Mille Miglia zu einem Triumphzug für automobile Klassiker

»Toll, hier werden alle wie Helden oder Filmstars behandelt«, freut sich Aston Martin DB2-Fahrer Alessandro Bianchi während eines Zwischenstopps bei Siena. Der italienische Kaufmann genießt sichtlich die begeisterten Reaktionen der Zuschauer auf die Mille Miglia-Prozession. Und in der Tat: Jede Fahrzeug-Besatzung erhält, unabhängig von Auto, Alter und Nationalität, einen gebührenden Anteil am allgemeinen Applaus. Besonders groß gerät die Begeisterung, wenn die Tifosi tatsächlich einen prominenten Filmstar im Cockpit entdecken, bella Ornella Muti etwa oder die Aktrice Anna Falchi. Noch stürmischer aber wird der Andrang, wenn ein bekannter Rennfahrer hinter dem Steuer sitzt. Und davon gibt es bei der Mille Miglia eine ganze Menge.

Zu den Stammgästen zählt etwa der sechsfache Le Mans-Champion und achtfache Formel 1-Sieger Jacky Ickx. »Wäre ich 15 Jahre früher geboren«, schwärmt der Belgier und streicht versonnen über das Lenkrad eines Porsche 550 Spyder, »dann wäre die echte Mille Miglia sicherlich eines meiner Lieblingsrennen gewesen. Die jetzige historische Veranstaltung mit all den jubelnden Zuschauern ist jedenfalls eine einzige Hommage an die alten Fahrer wie Tazio Nuvolari, Achille Varzi oder Piero Taruffi.« Auf dem Beifahrersitz neben Ickx studiert Karl-Friedrich Scheufele, Vizepräsident der Genfer Uhrenmanufaktur Chopard, das Roadbook. Scheufele kam 1988 erstmals zur Mille Miglia: »Damals hat ein Freund gesagt, das solle man sich anschauen, und ich war sofort begeistert«, erzählt er – seither gehört Chopard zu den Hauptsponsoren des Oldtimerrennens.

Im Cockpit eines der legendären Porsche Spyder aus dem Zuffenhausener Werksmuseum sieht man gelegentlich auch Hans Herrmann, der 1954 auf diesem Typ den sechsten Gesamtplatz erkämpfte. Durch die Sonderprüfungen führt den gelernten Konditor dann der ehemalige Porsche-Rennleiter Peter Falk, der die Konkurrenz allein schon durch seine penibLen Aufschriebe mit allen Kontrollen, Durchfahrtzeiten und sonstigen strategisch wichtigen Angaben demoralisiert.

Heldenverehrung: Sobald Publikumsliebling Stirling Moss auftaucht, sind Fotografen, Kameraleute und Interviewsammler zur Stelle

Ebenfalls auf Porsche unterwegs ist der Schorndorfer Paul Ernst Strähle, in diesem Fall aber auf seinem eigenen Gefährt, einem stahlblauen 356 Carrera mit dem berühmten Kennzeichen WN-V2. Mit diesem Wagen stürmte Strähle in den fünfziger und sechziger Jahren bei Rennen und Rallyes von Sieg zu Sieg; bei der Mille Miglia 1957 genügten die 130 PS des Viernockenwellen-Triebwerks zum Triumph in der 1600er-Klasse. Berühmter indes wurde der dritte Platz in seiner Klasse im Jahr 1954: »Damals sind wir mit unserem getunten Käfer, dem »Tapferle« angetreten«, erinnert sich Strähle schmunzelnd. »Der damalige VW-Importeur in Italien aber sah das gar nicht gern, er fürchtete, dass wir keine Chance hätten und er dann keine Autos mehr verkaufen könnte – er hat uns alles mögliche angeboten, wenn wir nicht starten.« Doch der schwäbische Dickkopf setzte sich durch, und sein dritter Platz gegen eine Konkurrenz aus lauter Sport-Prototypen geriet zur Sensation.

Ebenfalls ein Auto mit einem Porsche-Aggregat benutzt der Argentinier Carlos Reutemann, allerdings arbeitet der Motor quasi incognito: Der Vize-Weltmeister auf Ferrari 1981 pilotiert einen Institec Justitialista, ein skurriles Gefährt aus seiner Heimat mit einem vor der Vorderachse montierten 356-Motor. Als er

66

Bad in der Begeisterung: Bei Ortsdurchfahrten werden die Teilnehmer von einer enthusiastischen Menge empfangen

sich bei einem Halt auf dem Gelände des Ferrari-Karossiers Scaglietti in Modena aus dem Wagen schält, bestürmen ihn die Fans mit Autogrammwünschen. Ähnlich geht es Phil Hill, dem Ferrari Champion von 1961. »Meine Güte, ist das anstrengend«, meint er und klagt: »Mit diesen Autos hier im Schritttempo durch die Menge zu fahren ist eine Tortur.« Dennoch schaut der Amerikaner zufrieden auf seinen Ferrari. Noch glücklicher blickt eigentlich nur John Surtees, der Ferrari-Weltmeister von 1964. »Hier treffe ich immer meine alten Mechaniker«, erzählt der Brite. »Zehn Mann haben heute auf mich gewartet«, sagt er und umarmt einen besonders herzlich: »Das ist Giulio, damals war er mein Chefmechaniker.«

Heute bewegt Surtees bei der Mille Miglia zumeist einen Mercedes, vorzugsweise das ehemalige Einsatzauto von Juan Manuel Fangio mit der Startnummer 658. Das Schwestermodell des 300 SLR mit der Startnummer 722 dagegen ist üblicherweise Stirling Moss vorbehalten, dem ungekrönten König der Mille Miglia. Noch immer begeistert der Londoner mit seiner Fahrzeugbeherrschung und läßt auch dann nicht vom beherzten Gas geben ab,

Medieninteresse: Interview eines Riley-Teams bei einem Zwischenstopp

Unterwegs im Dienst der Bajuwaren: F1-Motorenpapst Paul Rosche und Prinz Leopold von Bayern im BMW 328 MM

wenn neben ihm seine Frau Susi die Stoppuhr bedient. Mit zum Mercedes-Team gehört neben den Öffentlichkeits-Arbeitern Max Gerrit von Pein und Dieter Ritter auch der ehemalige Formel 1-Fahrer und Sportwagen-Champion Jochen Mass. Der gelernte Seemann aus Bad Dürkheim genießt die Fahrt in den alten Schlachtschiffen mit dem Stern auf dem Kühler: »Da hängen einfach Erinnerungen dran, als kleiner Junge habe ich diese Rennwagen noch miterlebt», meint er und ergänzt: »Es ist einfach fantastisch, dass ich heute mit all diesen Wagen fahren kann, da werden plötzlich Schwarzweiß-Bilder farbig.«

Neben den Stuttgartern entsenden auch die Münchener Kollegen regelmäßig ein Werksteam zur Mille Miglia (andere Hersteller außer den drei deutschen Firmen halten sich in diesem Punkt unverständlicherweise sehr zurück; einzig Alfa Romeo bereichert das Starterfeld seit kurzem mit gut vorbereiteten Wagen aus dem Werksmuseum). Stammfahrer für BMW sind beispielsweise Motorenpapst Paul Rosche, Marketing-Leiter Karl-

Schwäbisches Urgestein und Rennfahrer-Legende: Porsche-Pilot Paul Ernst Strähle, Klassensieger 1956 und 1957

Prominenten-Versammlung bei der Fahrzeugabnahme: Rennfahrer Jochen Mass und Hans Herrmann im Vordergrund, dahinter Ex-Rennleiter Peter Falk

Heinz Kalbfell oder Prinz Leopold von Bayern. »Dieses Rennen«, sagt der ehemalige Tourenwagen-Fahrer, »muss man einfach einmal erlebt haben.« Ebenfalls in bayerischer Teamkleidung fährt der einstige F1-Pilot Marc Surer. Der Schweizer entwickelt bei der als Gleichmäßigkeitsrallye ausgetragenen Mille Miglia mittlerweile einen vorsichtigen Ehrgeiz und übt gelegentlich mit dem fünffachen Rekordsieger Giuliano Canè aus Bologna. »Der Beifahrer muss einfach gleichmäßig die letzten Sekunden laut rückwärts zählen, dann geht es ganz gut«, meint Surer. Teamkollege Canè indes geht etwas anders vor. »Er zählt die letzten Sekunden im Kopf mit, er hat das einfach im Gefühl – ich habe es probiert, bei mir klappt das nicht«, sagt der Schweizer.

Doch gewinnen ist bei der Mille Miglia ohnehin nicht so wichtig, Dabeisein dagegen alles. So sehen es zumindest die meisten der 360 Teams, von denen ebenfalls einige mit schöner Regelmäßigkeit in Brescia am Start stehen. Viele gehören zum inneren Kreis der internationalen historischen Rennszene, beispielsweise Stanley Mann und Michael Rudnig, die zusammen mit anderen Bentley-Boys oft per Achse von London aus anreisen, Familie Feierabend auf BMW und Bugatti oder Eifel-Klassik-Sponsor Eberhard Müssig auf Alfa Monza. Sie alle aufzuzählen, würde den Rahmen dieses Kapitels

Der Chef: Mille Miglia-Veranstalter Dr. Costantino Frarch hält die Fäden fest in der Hand. Der Rechtsanwalt aus Brescia hat aus einem kleinen Retro-Treffen das faszinierendste und bekannteste Oldtimer-Rennen der Welt geformt

Seit Jahren ein eingespieltes Team: der ehemalige F1-Fahrer Jacky Ickx und Chopard-Vize-präsident Karl-Friedrich Scheufele im Porsche 550 A Spyder aus dem Zuffenhausener Museum

LONDON
ENGLAND
27
GRUPPO BIPOP
WÜ F 37 H

Kleiner Ausflug, um die musealen Spinnweben aus den Zylindern zu vertreiben: Herrmann Layher, Chef des Museum Sinsheim

sprengen, schließlich kommen beinahe ein Drittel der Teilnehmerfahrzeuge aus Deutschland.

Interessanterweise noch niemals teilgenommen hat ausgerechnet der Mann, dem die heutige Mille Miglia ihre Existenz verdankt – Organisator Dr. Costantino Franchi. Dem Rechtsanwalt wurde die Leidenschaft für das 1000 Meilen-Rennen gewissermaßen in die Wiege gelegt: »Als ich 1948 in Brescia geboren wurde, begann mein Großvater seine Amtszeit als Präsident der Provinz. Sein Amtszimmer hatte einen Balkon direkt auf die Piazza della Vittoria, so dass ich von klein auf die Fahrzeugabnahme aus nächster Nähe beobachten konnte – es war einfach faszinierend«, erzählt er gestenreich und ergänzt: »Damals war die Mille Miglia das Ereignis schlechthin, in den Bars und Cafés wurde von nichts anderem gesprochen. Und als Schüler gingen wir geschlossen zur Abnahme.« Dass die Mille Miglia nach dem Aus 1957 einmal wieder einen solchen Erfolg wie heute haben würde, hätte er sich bei der ersten schüchternen Wiederauflage als Oldtimerrennen im Jahr 1977 niemals träumen lassen: »Als ich vor über zwanzig Jahren zusammen mit vier Freunden – Giuseppe Lucchini, Enzo Ziletti, Vittorio Pacazzani und Gino Danieli – überlegte, wie man die Mille Miglia wieder ins Leben rufen könnte, waren die Zeiten ganz anders:

Mille Miglia-Stammgäste aus Würzburg: Vorkriegs-Spezialist Thomas Feierabend und Janine Franssen im Bugatti 37

So gehört sich das: Die Bentley-Boys Michael Rudnig und Stanley Mann reisen üblicherweise per Achse von London zum Start nach Brescia

Sakraler Beistand: Auch Mönche unterstützen die Mille Miglia

Die Klassik-Szene war viel kleiner, deshalb erwarteten wir nur 50 Fahrzeuge – tatsächlich kamen über 100«, erinnert sich Franchi. Längst ist die alljährliche Organisation für ihn zum Fulltime-Job geworden, doch irgendwann möchte er endlich auch selbst einmal teilnehmen.

Dann wird auch Franchi die überschäumende Begeisterung der Tifosi genießen, ohne die die Mille Miglia an eine Misswahl ohne Publikum erinnern würde. So aber flankieren Tausende die Strecke, und in den Ortschaften stehen die Zuschauer in dichten Reihen Spalier und winken. Viele benutzen dazu rote Mille Miglia-Fähnchen, die Mercedes-Mitarbeiter in großen Bündeln vor allem an Kinder verteilen. Ein genialer Marketing-Gag: Auf der einen Seite der Fähnchen leuchtet der Freccia Rossa, auf der anderen der Mercedes-Stern. Je nach Blickrichtung sieht man also entweder ein Meer von roten Pfeilen oder Untertürckheimer Sternen. Die Fahrer erhalten in vielen Ortschaften zudem als Gastgeschenk Proviant und Getränke, meist versehen

Erfrischung zwischendurch: In Gambettola gibt es meist Erdbeeren und Wasser, in anderen Ortschaften reichen die Damen auch Gebäck und Espresso

mit einem kleinen Souvenir aus der Gegend wie einer Tontafel oder einem Anstecker. Und im Pannenfall findet sich in der Regel sofort ein kundiger Mechaniker, der mit Rat, Tat und Werkzeug aushilft, abgesoffene Verteiler trockenlegt, gebrochene Rahmenteile schweißt oder eine Reifenpanne behebt. Vor allem in kleinen Werkstätten gibt es oft noch ältere Mechaniker, die bei der Arbeit von Früher erzählen, als sie selbst auf der Mille Miglia als Rennmechaniker gearbeitet haben.

Viele der Zuschauer am Straßenrand stammen aus Deutschland. Mitunter reisen ganze Clubs an, manche mit eigens dafür gedruckten T-Shirts, um auf der Mille Miglia ihre Marke zu unterstützen. Die eifrigsten Fans bevölkern dabei den Futa- und Raticosa-Pass; mancher Parkplatz befindet sich schon seit Jahren fest in der Hand einzelner Markenfreunde. Da grüßt dann beispielsweise der Triumph-Club Saar, ein paar Kehren weiter sitzen ein paar Oberbayern auf einem alten Setra-Bus und feuern alle vorbeieilenden Bugatti und Amilcar an. Zu den treuesten Gefolgsleuten der Mille Miglia gehören auch drei Nürnberger Zimmerleute: Bei jeder Auflage des 1000 Meilen-Rennens warten sie nach einem ausgeklügelten Plan an gleich mehreren Stellen entlang der Route auf die Autos und begrüßen die Teilnehmer mit einem lauten Konzert aus verschiedenen Tröten, Klingeln und Glocken. »Dafür gibt uns unser Chef jedes Jahr ein paar Tage frei«, erzählen die Nürnberger.

Übertroffen wird das Engagement der drei nur noch von dem der Carabinieri, den vielleicht wichtigsten Personen der Mille Miglia. Den Ordnungshütern kann es meist nicht schnell genug gehen, bei Stadtdurchfahrten wie Modena oder Bologna bilden sie auf ihren Motorrädern zusammen mit

Pilgerzug: Mitunter reisen ganze Oldtimer-Clubs aus Deutschland zur Mille Miglia, hier grüßt beispielsweise der Triumph-Club Saar

Zur Mille Miglia ist Italien eine Einbahnstraße, und die Klassiker haben Vorfahrt: Im Zweifel regeln die Carabinieri auf ihren Moto Guzzi das schon

den Teilnehmerautos einen Konvoi durch den Feierabendverkehr. Wehe dem unglücklichen Autofahrer, der nicht schnell genug Platz macht, dann gibt es eins aufs Blechdach, und die rasende Kolonne fegt mit knapp 100 Sachen weiter durch die Stadt und ungerührt über alle roten Ampeln. An Kreuzungen wird kurzerhand alles abgeriegelt, sobald ein Teilnehmerauto erscheint, um ja schnelle und freie Fahrt zu gewährleisten. Und wenn ein Fotograf dazu auffordert, ziehen die Carabinieri ihre schweren Moto Guzzi auch schon mal für mehrere hundert Meter aufs Hinterrad. Was tut man nicht alles für eine gute Presse. »Wahnsinn, in Deutschland wäre das undenkbar«, kommentierte die Verhältnisse vor einiger Zeit Ronald Bäumler, der zusammen mit dem Autor in einem Alfa Romeo 2000 Sportiva Spider aus dem Mailänder Werksmuseum unterwegs war. Bäumler muss es wissen: Der Mann ist selbst Polizist. »Ohne diese Polizei wäre die Mille Miglia nur halb so aufregend«, meinte der westfälische Kriminal-Oberrat. Wohl wahr, und so stimmt heute mehr denn je, was Denis Jenkinson, 1955 Beifahrer von Sieger Stirling Moss, notierte: »Die Quintessenz der Mille Miglia ist weitaus mehr als nur die Autos, die Fahrer und die Gewinner – es ist Teil des italienischen Lebens.«

Etwas mehr Gas, bitte: Anfeuernde Zuschauer und laute »Forza, Forza«-Rufe gehören zur Atmosphäre der Mille Miglia

Reportage aus dem Cockpit – die Mille Miglia im BMW 328

Selbst-Erfahrung

Wie erlebt man die Mille Miglia als Teilnehmer? Autor Hans-Jörg Götzl und Thilo Paluszkiewicz, Gewinner des Mille Miglia-Preisausschreibens der Zeitschrift Motor Klassik, *sammelten Impressionen in einem 1937er BMW 328 aus dem Fundus der BMW-Sparte Mobile Tradition.*

Unvollständig: Was jetzt noch fehlt, ist der frühlingshafte Geruch des Fahrtwindes

Erst die Arbeit, dann das Vergnügen: Im Schiebebetrieb geht es quer durch die Gassen von Brescia zur technischen Abnahme auf die Piazza della Vittoria

Drei Dinge, heißt es gemeinhin, sollte ein Mann in seinem Leben vollbringen: einen Baum pflanzen, ein Haus bauen und einen Sohn zeugen. Freunde klassischer Automobile indes sehen das ganz anders und setzen ganz andere Prioritäten: »Mille Miglia fahren, Mille Miglia fahren, Mille Miglia fahren«, lächelt Beifahrer Thilo Paluszkiewicz, während wir unseren roten BMW 328 über die Via Giornate Richtung Fahrzeugabnahme schieben. Zwei Stunden haben wir für die letzten 500 Meter von der Piazza della Loggia aus gebraucht. Die schmalen Straßen rund um die Piazza della Vittoria, auf der die Fahrzeugabnahme stattfindet, sind völlig verstopft mit Teilnehmerautos, Teams und Zuschauern, die jedes Detail an den Klassikern fotografieren und die Fahrer in sachkundige Gespräche verwickeln. Im Schritttempo geht es alle paar Minuten weiter, zwischendurch genießen wir auf der langen Haube unseres roten Roadsters eine dick belegte Pizza. Endlich erreichen wir den abgesperrten Bereich der Fahrzeugabnahme, wo ein Renn-Kommissar den BMW begutachtet und die Fahrgestellnummer mit dem Eintrag in den Fahrzeugpapieren vergleicht. Anschließend wühle ich mich durch das Gedränge zu einem großen weißen Zelt, wo ich gegen Vorlage der Nennbestätigung und der Papiere die Startnummern so-

Überall säumen fähnchenschwingene Zuschauer die Mille Miglia Route, es gilt daher die Regel: Wo keine Fans mehr stehen, ist man vermutlich falsch

wie das Roadbook erhalte. Das Chaos hier innerhalb der Absperrung ist noch weit größer als das Gedränge davor; die Hektik und das Stimmengewirr erinnern an einen Sommerschlussverkauf mit lauter hysterischen Hausfrauen. Schnell weg.

In einem etwas ruhigeren Bereich fixiert Thilo fein säuberlich die runden weißen Aufkleber mit der Zahl 91 auf der Motorhaube und den tief ausgeschnittenen Türen des BMW; sorgfältig vermeidet er mit Hilfe einiger Tropfen Spülmittel aus einer Sprühflasche und einer Kreditkarte als Spachtelersatz hässliche Blasen und Falten auf den großflächigen Klebern. So gerüstet, scheint der Roadster mit dem Geburtsjahr 1937 den abendlichen Start kaum erwarten zu können. Frisch gewienert, getankt und ein wenig nach Leder und verbranntem Öl duftend, parkt er in einer Seitenstraße auf dem altem Kopfsteinpflaster vor einer kleinen Bar und wartet auf seinen Auftritt. BMW 328-Spezialist Helmut Feierabend aus Würzburg hat den ständig im Rallyeeinsatz befindlichen Museumswagen wie üblich einige Wochen vor der Mille Miglia noch penibel inspiziert, Zündung, Vergaser und Ventilspiel eingestellt und alle Schmierstoffe gewechselt. »In den vergangenen Jahren ist der Wagen kein einziges Mal ausgefallen«, sagt Feierabend mit leisem Stolz.

Die nächsten Stunden bis zum Start verbringen wir in der kleinen Bar, um das Roadbook zu studieren. Dabei enthält das 68 Seiten starke Büchlein

Ideales Mille Miglia-Fahrzeug: Der BMW 328 ist offen, er verfügt über einen kräftigen Sechszylinder und ein sportliches Fahrwerk. Vor allem aber ist er rot

Nächtliches Großstadt-Gewimmel: In Rom kämpfen wir uns durch den Verkehr zum Parc fermé

Große Ehre: Zum 70. Jubiläum darf der Mille Miglia-Tross ausnahmsweise über den Petersplatz mitten in Rom rollen

Kostümfest: Unterwegs begegnen uns immer wieder Darsteller in historischen Trachten

nicht, wie bei anderen Rallyes üblich, Richtungsangaben, detaillierte Kilometer oder Kartenskizzen. Das wäre auch überflüssig, schließlich weisen entlang der gesamten Route rote Pfeile mit der Aufschrift »1000 Miglia« an Bäumen, Straßenschildern oder Hauswänden den richtigen Weg. Doch so einfach die Richtung zu finden sein mag, so schwierig sind die 31 verzeichneten Sonderprüfungen: Auf vorher festgelegten Strecken muss eine vorgegebene Zeit auf die Hundertstelsekunde genau eingehalten werden. Damit nicht genug, bedeutet oft das Ende einer Zeitprüfung den Beginn einer zweiten, zudem sind manche Prüfungen ineinandergeschachtelt – für die Etappe von Ferrara nach Perugia etwa sind 6:59.59 Stunden vorgesehen, innerhalb dieser 301,79 Kilometer Gesamtstrecke liegen vier weitere Prüfungen. »Au Weia«, stöhnt Thilo, nimmt einen weiteren Capucchino und markiert mit Leuchtstift die schwierigsten Abschnitte. Probeweise versucht er, zwei Stoppuhren gleichzeitig zu bedienen.

Trotz Stoppuhren-Stress kann der 33-Jährige sein Glück immer noch nicht recht fassen: Aus über 6000 richtigen Einsendungen beim alljährlichen

Seltener Anblick: Aussicht auf einen Alfa Monza auf dem Petersplatz

Zwischenbilanz nach zwei Dritteln Fahrstrecke: Der 328 trägt den Staub der letzten 1000 Kilometer mit Würde, sein Alter von 60 Jahren merkt man ihm nicht an

Mille Miglia-Gewinnspiel der Zeitschrift *Motor Klassik* hat der Ulmer Rechtsanwalt wenige Wochen zuvor zusammen mit neun weiteren Kandidaten die Einladung zu einem Fahrertrainig in das *auto motor und sport*-Fahrsicherheitszentrum an den Nürburgring erhalten und dort die Endausscheidung des Preisrätsels gewonnen. Bereits auf der Anreise am Tag zuvor haben wir immer wieder klassische Rennwagen auf Anhängern oder, seltener, auf Achse bewundert, die zusammen mit uns Richtung Gardasee reisten. Nur schwer festigte sich die Vorstellung im Kopf, dass wir 24 Stunden später mit all den Alfa, Bugatti, Bentley, Ferrari, Mercedes und Porsche zusammen in Brescia auf das Startsignal warten würden.

Erst als wir mit dem BMW gegen 20.45 Uhr über die weiße Rampe auf der Viale Venezia rollen und Thilo mit dem zum Equipment gehörenden Mille Miglia-Chronographen von Chopard die erste Zwischenzeit stoppt, beginnt er, die Situation zu realisieren. »Wahnsinn«, murmelt er, als wir unter dem tiefen Röhren des Reihensechszylinders für eine Schleife nochmals Kurs auf die Innenstadt nehmen: »Wahnsinn, ich fahre bei der Mille Miglia mit.« Die Zuschauer stehen in dichtem Spalier und winken jedem Team begeistert zu. Thilo winkt zurück, anfangs verhalten, dann immer enthusiastischer. Nach kurzer Zeit haben die 6,5 Liter feinstes Castrol RS in der Ölwanne des BMW Betriebstemperatur erreicht, mit voll geöffneten

Perfekter Arbeitsplatz für Autor und Fotograf: Blick aus dem BMW 328-Cockpit bei einer der zahlreichen Ortsdurchfahrten mitten in Italien

Drosselklappen der drei Solex-Vergaser beschleunigen wir endlich aus Brescia heraus auf die offene Landstraße. Gut 100 PS stellt der stoßstangengesteuerte Zweilitermotor bei 4500 Umdrehungen zur Verfügung und treibt den rund 800 Kilogramm leichten Zweisitzer bei Bedarf in beeindruckende Driftwinkel. Von den Italienern erhält der BMW dafür und für die leuchtend rote Lackierung immer eine kleinen Sonderapplaus, der sich problemlos steigern lässt: In den Ortschaften verstärken die Hauswände den kernigen Ton des Sechszylinders, jeder Gasstoß wird freudig begrüßt. Endlich setzt sich auch bei mir die Erkenntnis durch: Ich fahre Mille Miglia! Die Anspannung, die vielen Details der mehr als ein Jahr währenden Vorbereitung, alles fällt von mir ab. Begeistert tue ich es Thilo gleich und winke den Leuten am Straßenrand zu.

Trotz der vorgerückten Stunde säumen Tausende die Landstraßen Richtung Ferrara, bei jeder Ortsdurchfahrt empfängt uns eine jubelnde Menge aus Männern, Frauen und Kindern. Manche der Alten standen schon hier, als Tazio Nuvolari und Achille Varzi um den Sieg fochten; einige mögen an ein Déja vu-Erlebnis glauben, wenn ein Kompressor-Alfa mit einem besonders wilden Fahrer vorbeidonnert. Bei jedem Halt reichen Fans Kekse, Obst oder einen Espresso ins Auto, vor der einen oder anderen Bar steht der Wirt und verteilt Wein und Grappa. Da wir gut in der Zeit liegen, halten wir an einer Tankstelle für einen kleinen Zwischenstopp, prüfen Luftdruck und Ölstand und füllen den Tank bis zum Rand voll. Der Tankwart ist stolz, ein echtes Mille Miglia-Auto auf seinem Hof zu haben: »BeEmmWu, che bella machina«, sagt er anerkennend und wischt über die kleine Windschutzscheibe.

Nach eindreiviertel Stunden erreichen wir Verona. Direkt vor der Arena werden Fahrer und Fahrzeug dem Publikum – wie noch so oft auf dieser Reise – fachkundig vorgestellt, gebührend beklatscht und anschließend wieder in die Nacht entlassen. Langsam wird es kühl, doch vor uns liegen noch 119 Kilometer bis zum Etappenziel in Ferrara. Zusammen mit den anderen 360 Teams dieser Mille Miglia tasten wir uns mit trüben Funzeln durch die Dunkelheit. Dröhnend nähern sich von hinten ein Talbot 105 und ein Invicta 4.5 S, tief gurgelnd gehen die beiden an uns vorbei und liefern sich vor uns ein kleines Privatrennen, wir sitzen in der ersten Reihe. Hinter uns röhrt laut vernehmlich ein Aston Martin Le Mans mit japanischer Besatzung. Das Feld hat sich längst weit auseinandergezogen, immer wieder indes holen wir ein früher gestartetes Team ein, das Benzin oder Espresso nachfüllt. Der BMW-Motor unter der langen Haube grummelt gemütlich bei mittleren Drehzahlen, die schnurgeraden Landstraßen dieses Abschnitts verlangen nur wenig Arbeit am schwarzen Bakelit-Lenkrad. Man fühlt sich beinahe wie auf einer nächtlichen Urlaubsfahrt.

Gegen ein Uhr morgens passieren wir das Ortsschild von Ferrara, das heutige Etappenziel, langsam brummen wir über den roten Teppich der Zielrampe. »Toll, wie viele Menschen um diese Zeit noch auf den Beinen sind«, freut sich Thilo über den eifrigen Applaus. Auch Claire Haithwaite von der Kanalinsel Jersey zeigt sich von der überschäumenden Begeisterung der Italiener beeindruckt. »Was wäre die Mille Miglia ohne diese Zuschauer – selbst wenn man völlig ausgelaugt ist, vergißt man die Müdigkeit angesichts dieser Emotionen«, sagt die 25jährige, die zusammen mit ihrem Vater erstmals in einem Alfa Romeo 1750 Grand Sport teilnimmt. Anschließend versehen wir den BMW im Parc fermé in einem mittelalter-

Und immer wieder die Begeisterung der Zuschauer: In Städten wie Siena oder Florenz muss man sich regelrecht durchkämpfen

lichen Innenhof mit einer Persenning und suchen unser Hotel. Als ich ins Bett sinke, stehen die Leuchtziffern des Hotelweckers auf zwei Uhr.

Vier Stunden später ist die Nacht vorüber, um sieben Uhr beginnt die zweite Etappe nach Rom. Der BMW startet problemlos und schüttelt mit den ersten Kurbelwellenumdrehungen ein paar nächtliche Tautropfen ab. Die allgegenwärtigen roten Pfeile weisen den Weg über weite, gut ausgebaute Straßen Richtung Adria, erst mit dem Abzweig Richtung San Marino kommen die ersten Kurven. Auf der Auffahrt zum rund 700 Meter über dem Meeresspiegel gelegenen Zwergstaat ist der agile 328 in seinem Element, mit pfeifenden Reifen nehmen wir Biegung um Biegung. Das Fahrgefühl erinnert eher an ein Auto aus den frühen Sechzigern als an einen fragilen Veteran aus den späten Dreißigern. Dann geht es direkt durch den engen Stadtkern hindurch. Schon mit dem vergleichsweise schmalen BMW wird es stellenweise eng; ein vor uns fahrender Bentley Blower muss in einer Kurve mehrmals rangieren und anschließend schwer aufpassen, um die ausgestellten Souvenirs vor den Läden nicht unabsichtlich mitzunehmen.

Roadbook-Studium: Wo, bitte, geht es zur nächsten Wertungsprüfung?

Auf der weiteren Strecke über Urbino, den Gola del Furlo, Gubbio und Perugia Richtung Assisi winden sich die Straßen wie Spiralfedern durch die Landschaft und schmiegen sich eng an die Felswände. Die Verkehrsdichte ist weitaus geringer als im Norden, mitunter begegnet uns längere Zeit kein modernes Fahrzeug. Jede Meile bereitet unbändigen Fahrspaß, immer wieder findet sich für eine Weile ein Bugatti 37 oder ein Alfa 1750, mit dem wir Seite an Seite leicht versetzt durch die Lande rauschen. In den Ortschaften sorgen die Carbinieri für schnelles Durchkommen, indem sie bei Erscheinen von Teilnehmern sofort alle Kreuzungen abriegeln und die Fahrer unter »Forza, Forza«-Rufen und heftigem Gestikulieren durchwinken. »Was wäre die Mille Miglia ohne diese Polizei«, lächelt Talbot-Fahrer Rolf Angermeier.

Direkt hinter der Franziskanerstadt Assisi zweigt die Route zu einem besonderen Abschnitt ab und klettert bis auf über 1000 Meter Höhe einen unbefestigten Schotterpass hinauf. Die staubige Straße vermittelt einen Eindruck davon, wie es während der frühen Mille Miglia-Veranstaltungen in den zwanziger und dreißiger Jahren gewesen sein muss, obwohl schon damals die Durchschnittsgeschwindigkeiten über 100 km/h lagen. Plötzlich erweist sich ein weiter Bergab-Linksbogen deutlich enger als gedacht, nur mit Mühe und viel Glück balanciere ich den BMW am Abgrund entlang. Thilo

So etwas gibt es nur auf der Mille Miglia: Begegnung mit einem Vorkriegs-Alfa mitten in einer historischen Altstadt

wird sichtlich bleicher um den Sonnenbrand auf der Nase. Am nächsten Tag zeigt uns ein Fotograf das Bild eines Ferrari, der nicht so viel Glück hatte; Pilot und Copilot überstehen den Abflug aber weitgehend unversehrt.

Auf dem Weg nach Rom lässt das Interesse der Bevölkerung deutlich nach. Leider stehen in diesem Jahr weder die Sybillinischen Berge noch der üblicherweise schneebedeckte Monte Terminillo auf dem Streckenplan. Dafür rollt der Tross erstmals quer durch die Hauptstadt und dreht eine vorsichtige Ehrenrunde auf dem Petersplatz, ungerührt schauen die 140 steinernen Heiligen auf der Balustrade auf die seltsame Prozession. Anschließend kämpfen wir uns durch den abendlichen Großstadtverkehr zum Parc fermé auf dem nüchternen Parkplatz eines Einkaufszentrums. Wieder ist es längst weit nach Mitternacht, als wir in die Hotelbetten kriechen.

Um halb sieben wecken wir am nächsten Morgen den BMW und brechen zur letzten, 638 Kilometer langen Etappe zurück nach Brescia auf. Auf dem Weg aus der Hauptstadt heraus verlieren wir im Gewirr der Autobahnen und Schnellstraßen kurz die Orientierung, zum ersten und einzige Mal auf der 1000 Meilen langen Reise. Zusammen mit einem weiteren BMW-Team und zwei Alfa-Piloten, die blind auf unsere Ortskenntnis vertraut hatten, drehen wir bei der nächsten Gelegenheit um. Der Umweg kostet nur wenige Minuten, die auf den langen Geraden Richtung Viterbo problemlos aufzuholen sind. Nach 60 Kilometern erwarten uns ab Santa Maria del Lago fünf Sonderprüfungen hintereinander, die längste über vier Kilometer, die kürzeste nur über 1180 Meter. Genau eine Minute und 36 Sekunden haben wir für die kleinste Prüfung. Nach dem Start rollen wir gleichmäßig über die Strecke direkt an einem See entlang, Thilo fixiert seine Stoppuhr und zählt die letzten 20 Sekunden gleichmäßig rückwärts. Ich versuche, den Messschlauch so exakt wie möglich mit den Vorderrädern zu treffen, während Thilo gleichzeitig die zweite Stoppuhr für die nächste Prüfung bereithält, die mit dem Ziel dieser Messung beginnt. Inzwischen haben wir uns ganz gut eingespielt, eine Sekunde innerhalb des Limits zu bleiben gelingt meistens, oft auch eine halbe Sekunde – dummerweise können die italienischen Teilnehmer das alles viel besser, und ab 17 Hundertsteln Abweichung gibt es keine Punkte mehr. »Egal«, sagt Thilo, »Fahrspaß und Atmosphäre sind ohnehin wichtiger.«

Erschöpft, aber glücklich: Und wo fahren wir jetzt hin?

Davon bietet die folgende Königsetappe durch die Toskana im Überfluss. Wir genießen die Reise durch die hügelige Landschaft und die vielen Ortsdurchfahrten, in denen der Mille Miglia-Tross wieder ebenso enthusiastisch empfangen wird wie auf der ersten Etappe. In Montefiascone überreicht uns der örtliche Ferrari-Club ein ganz besonderes Souvenir: einen Weinkrug mit der Aufschrift »Est! Est!! Est!!!«. Der Legende nach sollen die Teams früher beim Training nicht nur den Verlauf der Strecke, sondern auch die Qualität des ortsüblichen Weines getestet haben. Bei einem guten Tropfen war es üblich, als Abkürzung von »Vino bonum est – der Wein ist gut« ein kurzes »Est!« an der Hauswand zu hinterlassen. Bei gleich drei »Est« muss der Rebensaft in Montefiascone wirklich excellent gewesen sein.

Über Radicofani und Pienza führen uns die roten Pfeile zu einem kleinen Picknick vor Siena, wo wir im Schatten ein paar Tomaten, etwas Käse und Brot zu uns nehmen. Durch Siena geht es mitten über die Piazza del Campo, die Fahrt im Schritttempo durch die Menschengasse gleicht einem Triumphzug für die historischen Automobile. Ein paar Meilen hinter Florenz beginnt dann der fahrerisch anspruchsvollste Abschnitt der Mille Miglia: Der Futa- und Raticosa-Pass. Mit voller Drehzahl stürmen wir die Berge hinauf, der BMW brüllt in den höchsten Tönen, die viele Lenkradkurbelei geht gehörig in die Arme. In den zahllosen Zweiter- und Dritter-Gang-Kurven kann der BMW sein ausgewogenes Fahrwerk ausspielen. Die Hinterachse setzt erst spät und dann leicht kontrollierbar zum Überholen an, die Traktion aus den engen Ecken heraus ist grandios. Auf einigen Bergabstücken indes zeigen die Trommelbremsen erstmals Anzeichen von Fading, das aber nie schwerwiegende Dimensionen erreicht. Überall feuern Zuschauer die Fahrer an, viele Schlachtenbummler sind mit dem gesamten Oldtimer-Club direkt aus Deutschland angereist.

»Es ist ein unbeschreibliches Gefühl, hier inmitten all dieser Alfa Monza, Bugatti und Kompressor-Bentley zu fahren« sagt Thilo. Einziger Wermutstropfen: Da die Teilnehmer auf jeder Etappe in zeitlichem Abstand starten, sind wir meist von denselben Fahrzeugen umgeben und bekommen von den Ferrari, Maserati und Porsche mit den hohen Startnummern kaum etwas mit. Da haben die Zuschauer es deutlich besser. Dennoch: Das Vorbeiheulen eines Kompressor-Mercedes oder das tiefe Grollen eines aufgeladenen Alfa auf den langen Geraden durch die Po-Ebene über Bologna, Modena und Parma erzeugt jedes Mal eine Gänsehaut.

Gänsehautverdächtig ist auch die Zielankunft in Brescia gegen zehn Uhr abends. Die Zuschauer begrüßen jeden Teilnehmer, als wäre er Tazio Nuvolari persönlich und hätte soeben gewonnen. Junge und alte Menschen klopfen uns auf die Schultern, schütteln uns die Hände und beglückwünschen uns zur Ankunft. Nach der Fahrt über die Rampe sitzt Thilo noch eine Weile benommen im BMW. »Ich werde einige Zeit brauchen, bis ich die Eindrücke verarbeitet habe«, meint er. Mir geht es ähnlich, und den anderen 360 Teilnehmern mit ihren Beifahrern wohl ebenso. Die Bilder und Erinnerungen werden uns sicherlich länger begleiten als der kräftige Sonnenbrand, den wir uns auf den vergangenen 1000 Meilen im offenen Auto unter der Sonne Italiens eingefangen haben.

Schöner Abschluss: Die Proportionen des BMW wirken aus jedem Blickwinkel gelungen

BRESCIA - FERRARA
1° Tappa

Tipps für Teilnehmer

DABEISEIN IST ALLES

Eine Teilnahme bei der Mille Miglia gehört für Oldtimerfans zu den absoluten Traumvorstellungen, gewissermaßen die Krönung der Oldie-Leidenschaft. Ein geeigneter Klassiker, gute Vorbereitung und nicht zuletzt eine ordentliche Portion Glück sind die Voraussetzungen für eine erfolgreiche Mitfahrt.

Minimalausstattung: Zwei Uhren zur Zeitmessung. Manche Profi-Teams verfügen dagegen über eine Instrumentensammlung, mit der man einen Flugzeugträger navigieren könnte

Helm auf und los geht es: Vor dem Fieber und der Aufregung am Start des 1000 Meilen-Abenteuers sind auch Routiniers nicht gefeit

»Die meisten Fahrer nehmen aus reiner Freude an der Sache teil, oder um sagen zu können: Ich bin einer von denen, die die Mille Miglia gefahren sind«, notierte 1956 der Journalist und Mille Miglia-Mitbegründer Giovanni Canestrini. Das gilt heute noch genau so wie vor mehr als 40 Jahren: Einmal mit dem eigenen Klassiker auf die hölzerne, weiß lackierte Rampe in der Viale Venezia in Brescia rollen, auf das Signal des Starters warten und unter dem Jubel der vielen tausend Zuschauer Richtung Ferrara in die Nacht rollen – eine berauschende Vorstellung, der Beginn eines 1600 Kilometer langen Abenteuers.

Doch die Voraussetzungen, einen der begehrten 360 Startplätze zu erhalten, sind hoch. Die größte Hürde stellt der Besitz eines geeigneten Automobils dar. Zugelassen sind nur Fahrzeuge, die zwischen den Jahren 1927 und 1957 gebaut wurden und von denen mindestens ein Modell in diesem Zeitraum an der Mille Miglia teilgenommen hat. Eine vollständige Liste aller zugelassenen Typen existiert nicht; im Anhang findet sich aber als Orientierungshilfe eine Aufstellung aller Fahrzeuge, die seit 1982 am Start waren.

Bei genauem Hinsehen indes finden sich in der Auflistung einige Ausnahmen. So hat etwa niemals ein Bentley 4.5 litre zwischen 1927 und 1957 das 1000 Meilen-Rennen bestritten, heute dagegen gehören die Konstruktionen des W.O. Bentley zum festen Bestandteil der Mille Miglia. »Tatsächlich ist seinerzeit nie ein Bentley mitgefahren«, bestätigt Veranstalter Costantino Franchi. Anscheinend hatten aber einige Bentley-Piloten in den dreißiger Jahren eine Nennung abgegeben, doch die Fahrzeuge blieben auf dem Transportweg nach Brescia durch Unfälle und Defekte liegen. »Und deshalb«, sagt Franchi charmant, »dürfen die Bentley heute teilnehmen.« Außerdem: Ohne die urtümlichen britischen Kolosse würden dem Spektakel einige der charaktervollsten Darsteller fehlen.

Das Beispiel zeigt, dass man bei einem besonders seltenen, nicht aufgelisteten Modell dennoch direkt beim Veranstalter nachfragen sollte. Die Teilnehmerzahl ist jedoch, wie bereits erwähnt, auf 360 Klassiker limitiert – die zweite Hürde, die es zu nehmen gilt. Ein größeres Starterfeld wäre aus organisatorischen Gründen kaum zu bewältigen. Um diese Startplätze bewerben sich pro Jahr mehr als doppelt so viele Fahrer, die bereits über die wichtigste Voraussetzung verfügen, nämlich das passende Auto. Bei der Auswahl der Fahrzeuge versuchen die Organisatoren, Doppelungen weitgehend zu vermeiden, um den Zuschauern ein möglichst breit gefächertes und interessantes Teilnehmerfeld zu bieten. Daraus folgt, dass die Bewerbung mit einem seltenen Klassiker wie einem Alfa Romeo 8C Monza aus den Dreißigern eher Aussicht auf Erfolg hat als mit einem vergleichsweise weit verbreiteten MGA aus den Fünfzigern. Und hier beginnt der Ärger.

»Es ist nicht einfach, eine Absage zu erteilen, aber es geht eben oft nicht anders«, bedauert Franchi. Doch der Zorn eines zum wiederholten Mal abgelehnten MGA-Piloten ist verständlich, wenn er beispielsweise in jedem Jahr in der Teilnehmerliste denselben Alfa Gran Premio Tipo B entdeckt. Andererseits hat eben dieser Rennwagen mit der Fahrgestellnummer B 5001 am 14. April 1935 unter Carlo Pintacuda und dem Marquis Della Stuffa die Mille Miglia gewonnen. »Ein solches Fahrzeug kann man nicht ablehnen«, sagt Franchi, und aus historischen Gründen hat er zweifellos Recht. Dennoch öffnet dieses Verhalten den Gerüchten Tür und Tor. Man müsse nur die entsprechenden Stellen ordentlich schmieren, heißt es dann aus wissendem Mund, der von einem berichtet, der einen kennt, der damit Erfolg hatte. Klingt interessant – nur haben sich solche Behauptungen bei genauerem Nachprüfen bislang immer als haltlos erwiesen. Interessenten brauchen sich von solchen Gerüchten nicht abschrecken lassen. Wer mit einem passenden Auto an der Mille Miglia teilnehmen möchte, sollte sich bewerben und auf sein Glück hoffen.

Die Nennunterlagen zur Mille Miglia, bestehend aus einem kleinen Fragebogen, gibt es jeweils ab Spätsommer direkt beim Veranstalter

Charismatischer Herrscher der Mille Miglia: Organisator Dr. Costantino Franchi. Als Schüler ging der Brescianer noch zusammen mit der gesamten Klasse zur Fahrzeugabnahme

(Adresse siehe Anhang). Dazu benötigt man außerdem einen FIVA-Pass für Gleichmäßigkeitsrennen, der die Echtheit, Originalität und Historie des Fahrzeugs dokumentiert. In Deutschland gibt es das Dokument gegen eine Gebühr von 180 Mark beim Dachverband der deutschen Oldtimerclubs (Deuvet, Adresse im Anhang). Wenn sich der Klassiker in gutem Originalzustand befindet, ist die Angelegenheit reine Formsache; die Ausfertigung dauert etwa vier bis sechs Wochen. Ohne eine Kopie des Fahrzeugpasses ist eine Bewerbung bei der Mille Miglia sinnlos. Schließlich gehört zu den vollständigen Nennunterlagen noch ein Scheck über das Nenngeld, der nur ein-

Es muß kein Alfa Monza oder Bugatti sein: Ein Amilcar CGSs beispielsweise erfüllt ebenso die Teilnahmebedingungen und ist in der Starterliste gern gesehen

Es muß aber auch kein Ferrari sein: Die tapfere BMW Isetta genießt auf ihrer Reise durch Italien mit Sicherheit mehr Applaus und Sympathie als jeder Zwölfzylinder

gelöst wird, wenn die Bewerbung Erfolg hat. Die Startgebühr liegt derzeit bei etwa 5000 Mark; darin enthalten sind Verpflegung und Übernachtungen für Fahrer und Beifahrer sowie eine Reihe Souvenirs.

Nach Abgabe der Nennung heißt es warten. Nennschluss ist der 31. Dezember, ab Ende Januar beginnt der Veranstalter mit dem Versenden der Zu- und Absagen. Einige Bewerber finden sich auch auf einer Warteliste wieder: Falls andere Fahrer bis zum Start im Mai abspringen, erhalten sie den freigewordenen Teilnahmeplatz. Wenn bis wenige Tage vor Beginn nichts passiert, können Optimisten als letzte Chance auf gut Glück zum Start fahren – vielleicht muss ja ein Konkurrent in letzter Minute aufgeben. Dass dazu allerdings ein stoisches Nervenkostüm vonnöten ist, versteht sich von selbst. Wenn alles nichts hilft, bleibt nur die Hoffnung auf das kommende Jahr.

Wer aus Brescia eine Nennbestätigung mitsamt Startnummer erhält, sollte sich spätestens jetzt um sein Fahrzeug kümmern. Nichts ist ärgerlicher, als bereits wenige Meter nach der Startrampe aufgeben zu müssen, weil ein simpler Defekt den Wagen lahmlegt. Zum Mindestumfang zählt eine ausgiebige Inspektion mit Wechsel aller Öle, Abschmieren, Motor einstellen et cetera. 1600 Kilometer sind nicht zu unterschätzen: besser beispielsweise die nicht mehr taufrischen Bremsbeläge wechseln, als später am Futa-Pass Schweißausbrüche zu bekommen. Zwar hilft unterwegs das eine oder andere Service-Team. Wunder können aber auch die besten Mechaniker nicht bewirken, und eine Restaurierung am Straßenrand gehört nicht eben zum Reiz der Mille Miglia. Auch ein paar Ersatzteile im Gepäck schaden nicht. Es geht zwar immer das kaputt, was nicht dabei ist. Doch auf die beruhigende Gewissheit, das Nötigste an Bord zu haben, sollte man nicht verzichten.

Glänzt das Fahrzeug einsatzbereit, folgt der Fahrer. Tagesetappen von bis zu 680 Kilometern auf kurvigen Landstraßen, womöglich in strömendem Regen, gehen an den Piloten nicht spurlos vorbei. Ein wenig körperliche Fitness sei daher dringend angeraten, zumal auch der Schlaf mit vier bis fünf Stunden pro Nacht eher zu kurz kommt. An Papieren benötigen Teilnehmer neben ihrem Führerschein eine Fahrerlizenz vom DMSB (Deutscher Motorsport Bund, Adresse siehe Anhang). Es genügt eine historische B-Lizenz, die auf Antrag problemlos erteilt wird. Für Mitglieder des ADAC oder AvD kostet die ein Jahr gültige Lizenz 250 Mark, der Antrag läuft über die Sportabteilungen der Ortsclubs. Nichtmitglieder wenden sich direkt an den DMSB und bezahlen 350 Mark. Vom Beifahrer wird üblicherweise keine Lizenz verlangt, aber ein gültiger Führerschein.

Aufgeregte Atmosphäre: Fahrzeugabnahme auf der Piazza della Vittoria in Brescia

Bei der Fahrzeugabnahme auf der Piazza della Vittoria in Brescia sollten dann alle Papiere bereit liegen: FIVA-Pass, grüne Versicherungskarte, Nennbestätigung, Führerschein und Fahrerlizenz. Die Fahrzeugabnahme beginnt jeweils am Donnerstag um 9.30 Uhr, gegen 15 Uhr haben die meisten Fahrer die Prozedur hinter sich. Für Nachzügler ist bis maximal 18 Uhr geöffnet. Die Untersuchung der Autos erfolgt eher oberflächlich, es sei denn, die Abnahme-Kommissare wittern Unrat in Form von nicht zeitgenössischen Umbauten oder gar gefälschten Fahrgestellnummern. Spezielle Sicherheitskleidung oder Helme schreibt das Reglement nicht vor. Zumindest in offenen Autos aber sind Helme gern gesehen, am vorteilhaftesten natürlich die originalen, auf der Piazza erhältlichen MM-Helme für rund 250 Mark. Manche Fahrer gehen auch mit professioneller, feuerfester Rennkleidung an den Start. Ungleich wichtiger erscheint zumindest bei offenen Wagen wetterfeste und warme Kleidung – so manche Mille Miglia fand drei Tage lang bei strömendem Regen statt, und in den Abbruzzen liegt gelegentlich Schnee.

Beinahe eine Zeremonie: Aufkleben der runden Startnummern auf das Teilnahmefahrzeug

Bei der Fahzeugabnahme erhalten die Teams neben ihren Startnummer-Aufklebern auch eine Tasche oder einen Seesack mit einer Reihe Souvenirs, beispielsweise Westen und T-Shirts mit dem bekannten Mille Miglia-Emblem. Dazu bekommt der Fahrer das wohl bekannteste MM-Erinnerungs-

Gehobene Ausstattung: Erfahrene Teams arbeiten auf den Sonderprüfungen mit rückwärts laufenden Digitaluhren. Nicht unbedingt klassisch, aber erlaubt

200

Ärgerlich, aber manchmal unvermeidlich: Größere Restaurierungsarbeiten unterwegs gehören nicht unbedingt zu den Freuden der Mille Miglia

Gut ausgestattet: Ordentliches Werkzeug darf an Bord nicht fehlen

Wetterfeste Kleidung und – bei offenen Klassikern – ein Schirm gehören zur Grundausstattung: Eine Mille Miglia ohne kurze Schauer ist selten

stück, einen in jedem Jahr speziell entworfenen Chronographen der Genfer Uhrenmanufaktur Chopard mit eingravierter Startnummer auf der Rückseite. Und damit der Beifahrer nicht leer ausgeht, enthalten die Papiere einen Gutschein, mit dem auch der Copilot einen der begehrten Chronographen zum Vorzugspreis erhält. Kaum ein Team verzichtet auf dieses Angebot.

Zusammen mit den Startnummern gibt es das Mille Miglia-Roadbook, in dem alle Sonderprüfungen und Sollzeiten verzeichnet sind. Weil eine Veranstaltung wie die Mille Miglia heutzutage aus Sicherheitsgründen nicht mehr als Hochgeschwindigkeitsrennen um Sekundenbruchteile gefahren werden kann, haben sich die Organisatoren sogenannte Gleichmäßigkeitsprüfungen einfallen lassen, um dennoch eine sportliche Wertung zu erhalten. Ein großer Teil der Oldtimerrallyes wird nach diesem Modus ausgetragen. Bei den Gleichmäßigkeitsprüfungen kommt es darauf an, einen festgelegten Streckenabschnitt mit einer vorgegebenen Durchschnittsgeschwindigkeit (unter 50 km/h) zu fahren. Für die 58,90 Kilometer vom Start in Brescia bis zum Ort Bussolengo etwa waren vor einigen Jahren genau eine Stunde, 19 Minuten und 59 Sekunden veranschlagt. Beginn und Ende der Zeitnahme erfolgt durch einen Schlauch quer über der Strecke, der beim Überfahren mit den Vorderrädern einen Kontakt auslöst. Anschließend erhält das Team je nach Abweichung von der Idealzeit eine bestimmte Punktzahl, die zudem mit einem speziellen Koeffizienten für das Fahrzeug multipliziert wird – je älter das Auto, desto höher ist der Koeffizient.

Im Unterschied zu anderen Rallyes muss der Beifahrer seinen Piloten zwar nicht anhand eines komplizierten Aufschriebs leiten, die Strecke ist mit Tausenden von roten Pfeilen hinreichend gekennzeichnet. Doch dafür hat es das Einhalten der Sollzeiten in sich: Zu Beginn der Zeitnahme mit Überfahren des ersten Schlauchs startet der Copilot seine Stoppuhr. Bereits hier trennen sich die Profis von den Amateuren: Weil dem Beifahrer bei den meisten Autos der direkte Blick auf den Vorderreifen durch den Kotflügel verdeckt ist, befestigen Routiniers vorher eine Klebemarkierung auf dem Blech, um den Moment der Schlauchüberfahrt exakt zu treffen – wenn die Markierung optisch mit dem Schlauch fluchtet, berührt der Vorderreifen in diesem Moment die Messstelle. Am Ende der Sonderprüfung versucht der Beifahrer, seinen Fahrer so genau wie möglich über den Schlauch zu dirigieren, indem er die letzten zehn oder 20 Sekunden der verbleibenden Zeit rückwärts zählt. Anhalten auf den letzten 100 Metern (angezeigt durch ein gelbes Schild) vor einer Zeitkontrolle ist ebenso verboten wie auf den ersten 50 Metern danach. Schwierig wird die Angelegenheit außerdem dadurch, dass das Ende einer Sonderprüfung oft zugleich der Beginn der nächsten ist, und der Beifahrer

Ein wenig Navigationskenntnisse und ordentliches Kartenmaterial können nicht schaden: Falls man sich doch einmal verfährt oder durch eine Panne weit hinter das Feld zurückgeworfen wird und abkürzen muss

D 5020 D

Unerläßlich: Studium des Roadbooks. In dem DIN A4-Heft sind alle Sonderprüfungen und Sollzeiten auf der 1000 Meilen langen Strecke verzeichnet

Ende einer Dienstfahrt: Das Schild mit der roten Flagge markiert das Ende der Wertungsprüfung. Doch wie soll man sich bei diesem Ausblick auf die Stoppuhr konzentrieren?

zwei Stoppuhren bedienen muss. Technisch genügt hierzu im Prinzip der MM-Chronograph; Profis benutzen in der Regel eine ganze Reihe Stoppuhren.

Profi-Teams üben die Prozedur zudem ausgiebig. Zu ausgesprochenen Spezialisten in dieser Disziplin haben es die Italiener gebracht, bei denen es eine eigene Meisterschaft für Gleichmäßigkeitsrallyes gibt. Ihre Perfektion ist verblüffend: Der sechsfache Mille Miglia storico-Sieger Giuliano Canè beispielsweise überraschte einmal das BMW-Team, indem er mit einem 328 auf einer Versuchsstrecke die vorgegebene Zeit in der Regel auf die Hundertstelsekunde genau einhielt.

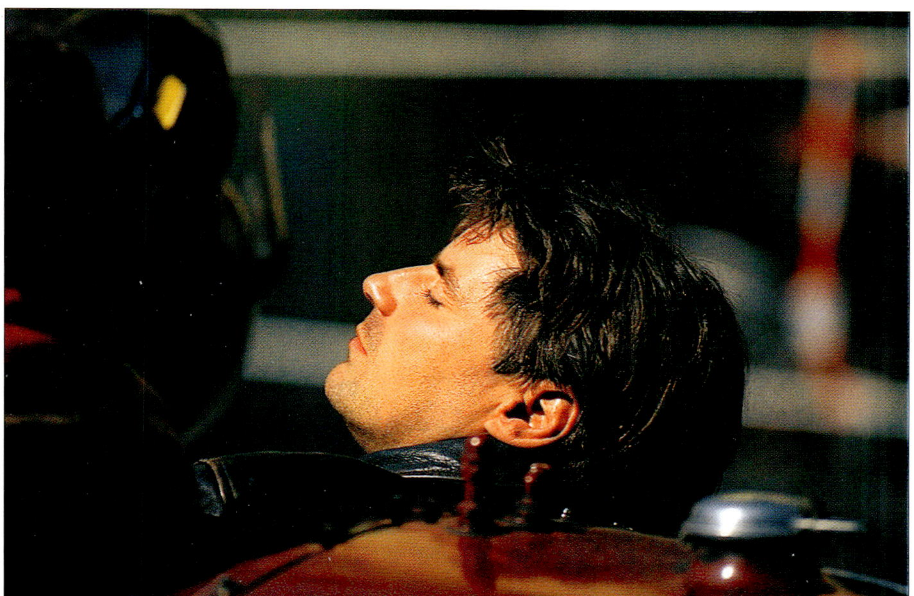

Kurzes Nickerchen: 1600 Kilometer in drei Tagen sind kein Pappenstiel

Zu den Gleichmäßigkeitsprüfungen mit Start und Ziel über einen Messschlauch gibt es bei der Mille Miglia seit einiger Zeit auch Sonderprüfungen ohne genau definierten Messpunkt. Nach dem Start über den Schlauch muss das Team einen Schnitt von beispielsweise 43 km/h genau einhalten. Da der zweite Messpunkt nicht bekannt ist, bleibt den Fahrern nichts anderes übrig, als die gesamte Prüfung (die gerne einmal 20 km lang sein kann) mit genau diesem Schnitt zu fahren. Irgendwo sitzt dann ein Helfer mit Messvorrichtung im Gebüsch versteckt und notiert die Zeit. Wer hier so genau wie möglich fahren möchte, kommt mit einem Tacho allein nicht aus. Profis verwenden von der Tachowelle angetriebene, penibel geeichte Tripmaster, die die Wegstrecke bis auf zehn Meter genau messen.

Radlos: Gegen Materialermüdung ist kein Team gefeit, die Autos sind schließlich nicht mehr die jüngsten. Im Notfall zu helfen ist Ehrensache

Zusammen mit einer Stoppuhr und einer Zeitentabelle, die für jede Geschwindigkeit und jede Entfernung die jeweils vorgesehene Zeit enthält, kann der Beifahrer den Fahrer genau anleiten: Die Schnitttabelle zeigt in 100 Meter-Schritten je nach Geschwindigkeit die für diese Entfernung theoretisch nötige Zeit an, so dass man alle 100 Meter prüfen kann, ob man schneller oder langsamer fahren muss.

Auch bei dieser Spielart hilft nur üben, üben und nochmals üben, wenn man Punkte sammeln will: Profis schaffen auch diese Prüfungen locker mit weniger als einer Sekunde Abweichung. Im Ziel in Brescia schließlich werden die Punkte aller rund 30 Prüfungen zusammengezählt, wer die meisten Punkte hat, sieht sich in der Siegerliste verewigt. Deutsche Teilnehmer indes sehen die Angelegenheit meist nicht so eng. Man bemüht sich zwar um eine gute Platzierung, doch ein Resultat unter den ersten 100 Startern gilt bereits als Erfolg. Auf den ersten 50 Plätzen finden sich beinahe nur Italiener.

Es gilt der olympische Gedanke, und der Fahrspaß auf den Straßen quer durch die schönsten Gegenden Italiens ist sicherlich wichtiger als Platzierungen. Spätestens wenn man am Ende der dritten Etappe gegen Abend in Brescia über die Zielrampe rollt, hat man dennoch das Gefühl, etwas geleistet zu haben. Oder, wie es ein deutscher Invicta-Fahrer im Ziel sonnenverbrannt, staubig und von einem Ohr zum anderen grinsend ausgedrückt hat: »Das war das Verrückteste, was ich jemals gemacht habe.«

Darum fährt man Mille Miglia: Es macht einfach Spaß

Jetzt gilts: Der Kontakt-
schlauch zwischen den
roten Schildern sollte auf
die Hundertstelsekunde
genau überfahren werden.
Profis können das

196

Tipps für Zuschauer

Legenden zum Anfassen

Einen Klassiker im Museum zu bewundern, ist eine Sache; denselben Wagen mit Volldampf in freier Wildbahn zu erleben, eine ganz andere. Kein Wunder, dass sich die Mille Miglia über Zuschauermangel nicht beklagen kann: Nirgendwo sonst lässt sich die Faszination automobiler Klassiker unmittelbarer erleben, bei kaum einer anderen Veranstaltung kommen die Zuschauer so dicht an Fahrer und Fahrzeuge heran.

Vielleicht die schönste Art, die Mille Miglia zu erleben: Bei einem Picknick am Straßenrand die Parade der vorbeieilenden Klassiker genießen

Mit Kennerblick:
Manche der Zuschauer wissen mehr über die automobilen Klassiker als deren Besitzer

Wichtig zur Identifikation der Fahrzeuge: Teilnehmerliste des Veranstalters. Eine vollständige Liste enthalten auch die Donnerstagausgaben der Tageszeitungen Brescia Oggi und Giornale di Brescia

Alljährlich Mitte Mai blicken die Leiter der Touristik-Zentren an Adria und Riviera und an den oberitalienischen Seen neiderfüllt nach Brescia. Eigentlich besitzt diese mittelgroße Industriestadt mit ihren 195 000 Einwohnern, rund 25 Kilometer südwestlich des Gardasees gelegen, nichts wirklich Bemerkenswertes – jedenfalls nichts, was andere Orte nicht auch haben. Sicher, da gibt es den romantischen Stadtkern und die Piazza della Loggia, laut Baedeker »einer der malerischsten Plätze Oberitaliens«, mit einem Uhrturm aus dem 16. Jahrhundert; ein paar Schritte weiter an der Piazza del Duomo beeindruckt der Neue Dom aus dem 17. Jahrhundert sowie der mächtige romanische Rundbau des Alten Doms mit einer Kuppel aus dem 11. beziehungsweise 12. Jahrhundert. Doch Sehenswürdigkeiten dieser Art finden sich in anderen Städten auch. Brescia aber verfügt über etwas Einzigartiges, über eine Legende, die immer wieder neu geschrieben wird: Brescia ist die Hauptstadt der Mille Miglia.

Und so strömen jedes Jahr im Mai Tausende Zuschauer in die nach Mailand zweitgrößte lombardische Stadt und erhöhen für kurze Zeit die Einwohnerzahl beträchtlich. Ein Ende des Besucherstroms ist nicht abzusehen – im Gegenteil, die Zahl der Mille Miglia-Fans wird von Jahr zu Jahr größer. Das führt inzwischen dazu, dass die italienische Sprache auf den Plätzen und in den Gassen von Brescia zur Mille Miglia-Zeit beinahe ins Hintertreffen gerät: Viele der Cafébesucher, die sich lässig auf den Stühlen räkeln, dem süßen Nichtstun frönen und dem Treiben durch dunkle Sonnenbrille zuschauen, sprechen lupenreines Schwäbisch, Rheinländisch oder Bayerisch. Der größte Teil der Mille Miglia-Zuschauer kommt aus Deutschland: Manche nutzen die Gelegenheit, weil sie ohnehin für ein paar Tage in der Gegend sind, die meisten Besucher aber reisen ganz gezielt zum Oldtimerereignis des Jahres.

Grundsätzlich empfiehlt sich die Anreise bereits einen Tag vor Beginn des Spektakels, sprich am Mittwoch. Die Mille Miglia verläuft immer von Donnerstag bis Sonntag, der genaue Termin steht üblicherweise im Spätherbst des Vorjahres fest und wird in den entsprechenden Fachmagazinen, etwa *auto motor und sport*, *Motor Klassik*, *Auto Focus* oder *Markt*, rechtzeitig veröffentlicht. Von Süddeutschland aus lässt sich Brescia mit dem Auto innerhalb von sechs bis sieben Stunden Fahrzeit erreichen. Wer mit dem Flugzeug anreisen möchte, findet in Mailand den nächsten Flughafen, von dort geht es per Mietwagen (in Deutschland vorbuchen) oder Zug (verkehrt stündlich) nach Brescia. Ein Hotelzimmer innerhalb der Stadt ist während

Das süße Leben: Ein Platz an der Sonne, ein Cappuccino und dazu eine Auswahl der aufregendsten Renn- und Sportwagen von 1927 bis 1957. Was will man mehr?

RIVNIONE ADRIATICA
CHOPARD
Mercedes-Benz
BANCA POPOLARE DI BRESCIA
ESTRAL
Agip

Im Mittelpunkt: Für ein paar Tage im Mai wird die lombardische Stadt Brescia zum internationalen Zentrum der Oldtimerbegeisterung

der Mille Miglia nur schwer zu bekommen, in der nahen Umgebung und den umliegenden Orten indes stellt die Unterbringung kein Problem dar. Als nützlich für die Zimmersuche erweisen sich die einschlägigen Hotelführer sowie die Touristeninformation in Brescia (Adresse siehe Anhang); am bequemsten erfolgt die Buchung über deutsche Reisebüros. Preislich halten sich die Hotelkosten im Rahmen; ab 60 bis 70 Mark für ein Doppelzimmer wird man fündig, ab 100 Mark kann man ordentlichen Komfort erwarten.

Wer möglichst viel von der Mille Miglia sehen möchte, sollte sich am Donnerstag morgen rechtzeitig auf den Weg zur gut ausgeschilderten Piazza della Vittoria mitten in Brescia machen. Nur Frühaufsteher haben gute Chancen auf einen Parkplatz in unmittelbarer Nähe des Geschehens: Die Parkhäuser unterhalb der Piazza della Vittoria, an der Via Vittorio Emanuele und der Piazza Brusato sind zwar recht geräumig, am späten Vormittag jedoch hoffnungslos überfüllt. Ab 9.30 Uhr rollen die ersten Teilnehmer ihre Autos auf die Piazza zur Fahrzeugabnahme, die zum sehenswertesten und aufregendsten Teil der Mille Miglia gehört. Die Atmosphäre auf dem mittelalterlichen Platz vor dem Hotel Vittoria ist einmalig: Zuschauer, Fahrer und Fahrzeuge bilden ein unentwirrbares Durcheinander, dazu kommt der hei-

Erste Station für Mille Miglia-Fans: Die Fahrzeugabnahme der Klassiker auf der Piazza della Vittoria in Brescia

Damit fängt alles an:
Fahrzeugabnahme in Brescia

Der Auftakt des 1000 Meilen
währenden Abenteuers: Abendlicher
Start der 360 Teilnehmer-Fahrzeuge
auf der Viale Venezia in Brescia

sere Klang der Rennmotoren und der Geruch von Rennöl, in den sich gelegentlich eine Wolke Espressoduft mischt. Der unmittelbaren Bereich vor der Abnahme ist zwar den Teilnehmern und Teammitgliedern vorbehalten; dafür bilden sich an der Ein- und Ausfahrt lange Fahrzeugschlangen, so dass genügend Gelegenheit besteht, die Autos aus nächster Nähe zu bewundern und zu fotografieren. Die Zusammenstellung der Fahrzeuge ist einzigartig: Auf der Piazza wartet ein Querschnitt der besten Renn- und Sportwagen, die zwischen 1927 und 1957 gebaut wurden, und nur selten kommen Zuschauer so dicht an die hochkarätigen Klassiker heran. Eine Liste mit allen 360 Fahrzeugen samt technischen Daten und Erläuterungen veröffentlichen die örtlichen Tageszeitungen *Brescia Oggi* und *Giornale di Brescia* jeweils in ihrer Donnerstagsausgabe.

Wer eine besondere Erinnerung für das heimische Bücherregal sucht, erhält für rund 30 Mark an den verschiedenen Souvenirzelten eine gebundene Ausgabe der Teilnehmerliste samt einigen Zusatzinformationen. Ein Buch über das Rennen des Vorjahres kostet zwar rund 80 Mark, ist dafür aber nicht nur äußerst detailliert, sondern auch in englischer Sprache geschrieben. Dazu gibt es eine große Auswahl an Mille Miglia-Artikeln: beispielsweise

Ins Allerheiligste dürfen nur die Mille Miglia-Teilnehmer: Historischer Kern des Zwergstaates San Marino

Steiler und kurvenreicher Aufstieg: Zufahrt zum Zentrum von San Marino

Buca San Francesco
Buca San Francesco
SANT'AGATA COMPATRONA
DELLA REPUBBLICA
Storia e iconografia di una devozione
239
239

den berühmten roten Pfeil, den Frecchia Rossa, als Anstecknadel für rund 20 Mark, außerdem T-Shirts, Hemden, Westen und Kappen, alle mit dem Markenzeichen »1000 Miglia« versehen. Souvenirjäger müssen sich beeilen: Manche Artikel, speziell die beliebten 1000 Miglia-Aufkleber für den eigenen Klassiker, sind oft um die Mittagszeit ausverkauft; die Souvenirzelte selbst haben nur am Mittwoch und Donnerstag geöffnet. Wer sich zwischendurch vom Zuschauen oder Einkaufen erholen möchte, findet Platz in den zahlreichen Cafés rund um die Piazza. Dort trifft man auch den einen oder anderen Fahrer, mit dem es sich auf Cappuccino-Länge über technische Details, Rennhistorie oder einfach die besondere Atmosphäre plaudern lässt. Beinahe ein Drittel der Piloten kommt ohnehin aus Deutschland, ansonsten ist Englisch neben Italienisch die Hauptsprache. Um die Mittagszeit empfiehlt sich die Suche nach einem Restaurant oder einer Trattoria, bevor alle Plätze belegt sind. Auch bei der Fahrzeugabnahme kehrt jetzt langsam Ruhe ein. Bis etwa 15 Uhr haben die meisten Teilnehmer die Prozedur hinter sich; auf Nachzügler warten die Abnahmekommissare bis 18 Uhr. Der Nachmittag bietet sich für einen Einkaufsbummel an, denn bis zum Start ziehen sich die meisten Piloten samt ihren Fahrzeugen zurück und studieren das Roadbook.

Um 20.15 Uhr rollt dann das erste Fahrzeug über die Startrampe auf der nahegelegenen Viale Venezia, wo es um Parkmöglichkeiten ähnlich düster bestellt ist wie an der Piazza della Vittoria. Ein Tipp: Ein teures Automobil, womöglich noch mit sichtlich viel Gepäck, stellt eine ungeheure Versuchung

Flüchtige Begegnung: Einer nach dem anderen wischen die Klassiker an den Häusern vorbei

Staubiger Untergrund: Schotterpass oberhalb von Assisi

für Langfinger dar – besonders, wenn es abseits des Trubels in einer stillen Seitenstraße auf seinen Besitzer wartet, dessen Aufmerksamkeit wiederum ganz dem Mille Miglia-Geschehen gilt. Sicherer ist ein bewachter Parkplatz oder eine Hotelgarage. Der Aufwand lohnt in jedem Fall: Ähnlich wie die Fahrzeugabnahme besitzt auch der Start Volksfest-Charakter. Die ganze aufgeregte Atmosphäre des Tages entlädt sich für jeden Teilnehmer in dem Moment, in dem er mit brüllendem Motor über die Rampe zur ersten Etappe Richtung Ferrara in die Nacht aufbricht. Insgesamt dauert es knapp zweieinhalb Stunden, bis auch die letzte Startnummer in die Nacht entschwindet. Besonders angenehm lässt sich die Prozedur beim Abendessen erleben: Viele Trattorien zeigen das Ereignis im Fernsehen.

Nach dem Start gibt es verschiedene Möglichkeiten, die Mille Miglia weiter zu begleiten. Im folgenden Kapitel (»Für Kenner, Genießer und Enthusiasten«) finden sich drei detaillierte Begleitrouten unterschiedlicher Länge für verschiedene Geschmäcker. In jedem Fall ist es keine besonders gute Idee, die gesamte Mille Miglia mit dem eigenen Automobil – ob modernes Fahrzeug oder Klassiker -mitzufahren, sich also direkt unter das Teilnehmerfeld zu mischen. Zunächst einmal wird das Straßenrennen zwar nicht

Beinahe am Ende der Welt: Einsames Dorf mitten in den Sybillinischen Bergen

mehr auf Bestzeit, sondern nach dem Gleichmäßigkeitsmodus gefahren, dennoch sind einige Piloten mit ihren zum Teil über 300 PS starken Rennwagen recht flott unterwegs. Dadurch kommt es gelegentlich zu prekären Situationen; etwa wenn ein Teilnehmer noch schnell vor der Kurve ein anders Fahrzeug überholt und zum Bremsen oder Ausweichen zwingt. Das Problem gilt auch in der anderen Richtung: Wer mit einem modernen Auto direkt vor einem Vorkriegs-Rennwagen, etwa einem Bentley, einschert und stark bremst, darf sich nicht wundern, wenn der riesige Bentley-Kühler im Rückspiegel plötzlich immer größer wird. Im Vergleich zu einem aktuellen Fahrzeug besitzen die Bremsen des Zwanziger-Jahre-Wagens allenfalls das Prädikat vorhanden. Reine Blechschäden indes ließen sich ja ohne viel Aufhebens wieder herrichten. Ein Unfall mit Personenschaden aber, womöglich gar mit Zuschauern, wäre eine Katastrophe und hat schon einmal, 1957, zum Ende der Mille Miglia geführt. Neben der Unfallgefahr gibt es noch einen weiteren Grund, auf die Fahrt im Teilnehmerfeld zu verzichten: Je mehr Fahrzeuge zwischen den echten Mille Miglia-Autos fahren, desto unattraktiver wird die Veranstaltung für Zuschauer. Es sieht eben schöner aus, wenn nacheinander ein Alfa Romeo, ein Bugatti, ein Ferrari und ein Porsche um die Ecke biegen, als wenn diese Klassiker durch je zehn moderne Autos getrennt sind. Nicht zuletzt aber entgeht dem Mitfahrer auch einiges: Er sieht nur einige wenige Klassiker vor und hinter sich. Wer sich dagegen auf verschiedene Zuschauerplätze beschränkt, kann das gesamte Teilnehmerfeld der Mille Miglia bewundern.

Nichtsdestotrotz aber ist die Straße natürlich für alle da, und auf der Landstraße von einem heulenden Kompressor-Mercedes oder einem brüllenden Ferrari überholt zu werden, gehört sicherlich zu den faszinierendsten Erlebnissen der Mille Miglia. Zudem lassen sich manche Abschnitte nur schwer über Abkürzungen erreichen, so dass einem nichts anderes übrig bleibt, als im Teilnehmerfeld mitzufahren. Grundsätzlich aber sollte man möglichst oft über Autobahnen und Schnellstraßen abschneiden, um die

Mille Miglia an möglichst vielen Stellen zu genießen. Die Route ist seit Jahren bis auf wenige Details dieselbe und entspricht in etwa der originalen Streckenführung aus den Jahren 1954 bis 1957. Der aktuelle Streckenverlauf lässt sich zumeist im Frühjahr der Fachpresse entnehmen, ansonsten wird man spätestens in den Tageszeitungen beziehungsweise im Mille Miglia-Jahrbuch fündig. Hier stehen zu den wichtigsten Orten auch die Durchfahrtzeiten, wobei zwischen dem Fahrzeug mit der Startnummer Eins und Nummer 360 etwa eine Spanne von zwei Stunden liegt.

Gleich auf der ersten Etappe von Brescia durch die Nacht nach Ferrara gab es in den vergangenen Jahren die wichtigste Änderung im Streckenverlauf: Stand bislang die Romeo und Julia-Stadt Verona auf dem Plan, so führte das Roadbook auf einmal durch Tazio Nuvolaris Geburtsstadt Mantua. Bei der Mille Miglia 2000 indes ging es wieder zunächst durch Verona, Mantua lag erst auf der Rückreise auf dem Routenplan. Beide Städte lohnen sich als Zuschauerplatz, egal, ob die Klassiker nun an der Arena in Verona entlangpoltern oder durch das mittelalterliche Gassengewirr von Mantua bollern.

Einer der vielen Höhepunkte: Auffahrt nach Radicofani in der Toskana

Reizüberflutung: Die aufgeregte Atmosphäre, die frühlingshafte Luft und der Klang der Klassiker betören die Sinne

Die Ankunft in Ferrara lohnt allerdings nur für eingefleischte Fans; es gibt keinen gemeinsamen Parc fermé für die Fahrzeuge, und auch die Fahrer nächtigen in verschiedenen Hotels. Wichtig: Wer ebenfalls ein Hotelzimmer in der Gegend vorbestellt, sollte auf die späte Ankunft hinweisen, sonst sitzt er möglicherweise nach Mitternacht vor verschlossenen Türen. Am nächsten Morgen brechen die ersten Fahrzeuge um sieben Uhr in Ferrara zur zweiten Etappe auf. Besonders eindrucksvoll gestalten sich auf dem Weg nach Rom die Ortsdurchfahrten von Bussolengo, San Marino, Gubbio, Perugia und Assisi, wobei nicht immer alle genannten Orte in einem Jahr gleichzeitig auf dem Streckenplan stehen. Die Durchfahrt durch die historischen Stadtkerne ist üblicherweise das ganze Jahr für den Verkehr gesperrt, nur für die Teilnehmer der Mille Miglia machen die Stadtväter eine Ausnahme. Für Zuschauer heißt das: Außerhalb der Stadtmauern parken und einen kleinen Fußmarsch in Kauf nehmen. Dafür gibt es meist weniger Probleme mit Parkmöglichkeiten als in Brescia.

Zu den landschaftlich schönsten Abschnitten der zweiten Etappe gehören der Gola del Furlo nahe Urbino mit dem blau-grün schimmernden Wasser des Flüßchens Candigliano sowie die Sybillinischen Berge, die leider ebenfalls nicht in jedem Jahr auf dem Programm stehen. In diese Einöde verirren sich üblicherweise nur wenige Zuschauer. Die meisten wissen gar nicht, was sie verpassen: Nach einer steilen Passüberfahrt öffnet sich die Landschaft zu einer gewaltigen, unwirklichen Hochebene, die man eher in Patagonien vermuten würde und in der die Klassiker wie Spielzeugautos wirken. Auf die Sybillinischen Berge folgt schließlich noch der Monte Terminillo, auf dessen letzten Höhenmetern üblicherweise Schnee liegt. Von hier aus weist der Streckenplan die Teilnehmer Richtung Rom, für Zuschauer aber lohnt der Weg in die italienische Hauptstadt kaum. Ähnlich wie in Ferrara erreichen die meisten Piloten das Etappenziel erst in der Nacht und sind auf verschiedene Hotels verteilt, während die Autos auf dem wenig anheimelnden Parkplatz eines Einkaufszentrums warten.

Um 6.30 Uhr gehen die Teilnehmer in Rom wieder auf die Piste, und für viele beginnt mit der dritten Etappe der schönste Teil der Mille Miglia: Die sanfte Hügellandschaft der Toskana wirkt wie geschaffen für die Autos. Auch hier gibt es einige besonders sehenswerte Ortsdurchfahrten, allen voran das Bergdorf Radicofani und natürlich die Städte Siena und Florenz. Moderne Fahrzeuge müssen hier wieder einmal draußen bleiben. Wer aber einmal in Siena auf dem Campus den Trubel erlebt hat, versteht das Durch-

Beliebte Zuschauertribüne: Kirchentreppe in Radicofani

fahrtverbot: Im Schritttempo grollen die Klassiker durch die dichtgedrängte Menschenmenge; jedes zusätzliche Auto vergrößert das Chaos. Hinter Florenz schraubt sich die Mille Miglia-Route noch einmal einige hundert Höhenmeter hinauf zum Futa- und Raticosa-Pass, die ebenfalls zu den Lieblingsplätzen der Zuschauer zählen. Der restliche Abschnitt zurück nach Brescia führt dagegen meist über breite, gut ausgebaute, aber auch langweilige Straßen. Einzig die Durchfahrt durch Modena wäre noch einen Abstecher wert. Dafür gleicht die nächtliche Einfahrt nach Brescia wieder einem Triumphzug; die halbe Stadt scheint auf den Beinen zu sein und begrüßt die ankommenden Teilnehmer mit überschäumender Begeisterung. Nach der Überfahrt über die Zielrampe, die drei Tage und 1600 Kilometer zuvor noch als Startrampe diente, ist die Mille Miglia schlagartig beendet. Die meisten Fahrer wollen nur noch eine Dusche, eine Mahlzeit und ein Bett. Wieder nächtigen alle Teilnehmer in verschiedenen Hotels, zudem gibt es auch kein gemeinsames Abschlusstreffen oder einen Parc fermé, bei dem die Zuschauer noch einmal alle Fahrzeuge bewundern könnten. Offiziell endet die Veranstaltung am nächsten Tag mit der Siegesfeier, anschließend sind die Brescianer wieder für ein Jahr unter sich.

Wer nun der Mille Miglia über die gesamte Route gefolgt ist, dürfte im Ziel kaum weniger geschafft sein als die Teilnehmer, und auch wer sich nur die schönsten Stellen für seine ganz persönliche Route zusammengestellt hat, hat damit den Kilometerzähler seines Fahrzeuges ein gutes Stück weiterge-

Hier ist das Getümmel am dichtesten: Auf der Piazza del Campo in Siena. Glücklicherweise müssen moderne Automobile außen vor bleiben

schraubt. Wenn es etwas stressfreier sein soll, empfiehlt sich eine der organisierten Reisen des Tübinger Auto- und Spielzeugmuseums Boxenstop (Adresse im Anhang): Betreiber Rainer Klink, selbst Klassik-Enthusiast bis in die letzte Faser, bietet seit einiger Zeit in Zusammenarbeit mit dem Stuttgarter Fachblatt *Motor Klassik* ausgezeichnet organisierte Busreisen zur Mille Miglia an. Für rund 800 Mark pro Person reisen die Teilnehmer zur Fahrzeugabnahme und zum Start nach Brescia, besichtigen am nächsten Tag beispielsweise Ferrari in Maranello, genießen auf der dritten Etappe das Mille Miglia-Teilnehmerfeld am Futa-Paß und fahren anschließend wieder zurück nach Deutschland. Wer lieber selbst den eigenen Klassiker steuern möchte, kann auch nur ein Hotelpaket ordern und übernachtet dann in denselben Hotels wie die Busreisenden. Für die Qualität der Organisation spricht die Reaktion der Erst-Teilnehmer: Die meisten melden sich noch auf der Rückfahrt für das kommende Jahr an.

Das liegt nicht nur an der guten Organisation, sondern einfach an der Mille Miglia selbst: Wer das Oldtimer-Ereignis des Jahres einmal live erlebt hat, kommt immer wieder. Der Grund ist simpel, wie einmal ein deutscher Alfa-Fan formulierte, der vor Jahren nur kurz vorbeischauen wollte: »Die Autos, die Menschen, die Landschaft – die Mille Miglia macht süchtig.«

Ein Klassiker für die Zuschauer: Am Futa- und Raticosa-Paß entschied sich früher oft die Mille Miglia; damals wie heute flankieren tausende Zuschauer die kurvenreiche Piste

GAMBETTOLA
49
PHN
951
GB

Drei Begleitrouten zur Mille Miglia

Für Kenner, Geniesser und Enthusiasten

Alle Wege führen nach Rom, auch bei der Mille Miglia – beim Oldtimerrennen des Jahres indes gehört die italienische Hauptstadt nicht unbedingt zu den empfehlenswerten Zielen. Dafür warten entlang der 1600 Kilometer langen Strecke andere, weit sehenswertere Orte und Landschaften. Auf den folgenden Seiten finden Sie drei unterschiedliche Begleitrouten für jeden Geschmack.

Frühstückspause: In Gambettola treffen sich die Teilnehmer wenige Meilen nach dem Restart in Ferrara zur Stempelkontrolle

Brescia-Ferrara-Roma-Brescia: Offizielle Karte des Veranstalters für die Mille Miglia 2000

Treffpunkt Brescia, Zentrum: Zur Fahrzeugabnahme versammelt sich die gesamte Oldtimerszene vor dem Hotel Vittoria

Traumhafte Streckenführung: Am zweiten Tag geht es für wenige Meilen entlang der Adria-Küste

Für Genießer:
Auf rund 180 Kilometern
der maximale
Mille Miglia-Genuss

Variante 1: Für Genießer

Übertriebene Hektik ist Ihnen fremd, Sie möchten die Mille Miglia einfach nur genießen, ohne die schönsten Momente zu verpassen. Auf keinen Fall auslassen dürfen Sie die Fahrzeugabnahme am Donnerstag ab 9.30 Uhr auf der Piazza della Vittoria in Brescia. Die Piazza im Zentrum der Stadt ist gut ausgeschildert; mit etwas Glück finden Sie einen Parkplatz im Parkhaus direkt unter dem Platz, an der nahegelegenen Piazza Brusato oder an der Via Vittoria Emanuele. Genießen Sie das bunte Treiben auf der Piazza, nehmen Sie einen Espresso in einem der Straßencafés, plaudern Sie mit den Piloten oder mit anderen Mille Miglia-Fans. Zwischendurch lohnt ein Abstecher durch die angrenzenden Seitenstraßen: Viele Geschäfte haben ihre Auslagen mit Mille Miglia-Souvenirs, alten Helmen, Lenkrädern, Plakaten oder Zeitungsausschnitten dekoriert. Gegen Mittag sichern Sie sich einen Platz in einem der Restaurants, anschließend geht es zu einem Verdauungsspaziergang noch einmal zur Abnahme, wo jetzt die letzten Nachzügler mit ihren Klassikern vorfahren.

Anschließend kommt es darauf an, ob die aktuelle Strecke auf der ersten Etappe von Brescia nach Ferrara über Verona oder über Mantua führt (eine der beiden Städte gehört in der Regel immer zum ersten Abschnitt; bei der Mille Miglia 2000 ging es auf dem Hinweg über Verona und auf dem Rückweg über Mantua). Die aktuelle Mille Miglia-Strecke wird üblicherweise im Frühjahr in den deutschen Fachblättern *Motor Klassik, Auto Focus* oder *Markt* veröffentlicht; Spätentschlossene finden die Route auch bei der Abnahme in der Donnerstagsausgabe der Tageszeitungen *Brescia Oggi* und *Giornale die Brescia*. Steht Verona auf dem Streckenplan, fahren Sie am Nachmittag über die Autobahn A 4 in die Romeo und Julia-Stadt, suchen ein Restaurant für den Abend und erwarten die ersten Fahrzeuge ab 22 Uhr an der Arena in der Stadtmitte. Bei der Variante Mantua geht es ebenfalls am Nachmittag zunächst über die A 4 Richtung Verona und dann weiter über die A 22 nach Mantua. Hier bietet sich der Besuch des Tazio Nuvolari-Museums an der Piazza Broletto an (Adresse siehe Anhang); gegen 22 Uhr röhren die ersten Klassiker über das mittelalterliche Pflaster. Übernachten Sie in der Region oder fahren Sie zurück nach Brescia – in jedem Fall vorher ein Hotelzimmer reservieren – wo Sie am Freitag beispielsweise beim größten Oldtimerhändler der Gegend (Luzzago, Adresse siehe Anhang) vorbeischauen können. Am Samstagabend sollten Sie sich auf der Viale Venezia (wenige Minuten vom Zentrum an der Ausfallstraße Richtung Verona) einfinden, wo ab 21 Uhr die ersten Teilnehmer von ihrem 1600 Kilometer langen Abenteuer zurückkommen und über die Zielrampe rumpeln. Ähnlich wie die Fahrzeugabnahme ist auch die Zielankunft ein einziges großes Straßenfest, bei dem nach der Ankunft der letzten Startnummer meist noch der Sieger verkündet wird. Nehmen Sie in einer der angrenzenden Bars noch einen Prosecco und überlegen Sie, ob Sie nicht im kommenden Jahr die Variante 2 probieren wollen.

Für Kenner: 750 Kilometer mit den schönsten Augenblicken des 1000 Meilen-Rennens

Variante 2: Für Kenner

Sie möchten möglichst viel Mille Miglia-Atmosphäre erleben, aber dennoch etwas Dolce Vita genießen und nicht nur dem Tross hinterherhecheln?

Nach der Fahrzeugabnahme auf der Piazza della Vittoria verbringen Sie auch den Nachmittag in Brescia. Leider ist das geplante Mille Miglia-Museum derzeit (Stand Herbst 2000) noch nicht fertig, ansonsten wäre jetzt der richtige Zeitpunkt für einen Besuch (Mille Miglia-Organisator Costantino Franchi schätzt, dass es bis zur Eröffnung noch zwei bis drei Jahre dauern wird). Am frühen Abend machen Sie sich auf den Weg zur Viale Venezia, wo um 20.15 Uhr der O.M. Superba mit der Startnummer 1 über die weiß lackierte Holzrampe brummen wird. Wenn Sie in unmittelbarer Nähe des Starts in einer Seitenstraße parken, sollten Sie ihren Wagen nicht unbedingt allzulange unbeaufsichtigt lassen – bei mehreren Personen empfiehlt es sich, immer jemand als Wächter zurückzulassen. Das mag übertrieben klingen, doch gerade beim Start ist schon manches Auto eines MM-Fans verschwunden. Und das wäre gerade jetzt besonders ärgerlich, denn nachdem rund 50 bis 70 Mille Miglia-Fahrzeuge über die Startrampe gerollt sind, machen Sie sich – je nach Streckenführung – über die Autobahn auf den Weg nach Verona oder Mantua, wo Sie noch einmal das gesamte Teilnehmerfeld an sich vorbeizie-

186

Weiterer Pflichtpunkt für Mille Miglia-Enthusiasten: Florenz

Es ist weit, doch die Mühe lohnt: Auf dem Hochplateau in den Sybillinischen Bergen herrscht eine eigenartige, entrückte Stimmung

Auf zu neuen Höhepunkten: Nach der aufreibenden Durchquerung von Florenz machen sich die Klassiker auf den Weg zum Futa- und Raticosa-Pass

hen lassen können. Anschließend übernachten Sie in der Gegend und reisen am Freitag gemütlich in die Toskana.

Hier treffen Sie am Samstag gegen Mittag in Siena wieder auf die Mille Miglia. Parken müssen Sie zwar außerhalb des historischen Stadtkerns, doch es gibt ausreichend Parkraum. Wie ein Lindwurm windet sich der bollernde Mille Miglia-Tross durch die engen Gassen und anschließend über die berühmte Piazza del Campo, um sich anschließend auf den Weg nach Florenz zu machen. Auch Sie sollten spätestens aufbrechen, wenn etwa ein Drittel des Teilnehmerfeldes die Piazza passiert hat. Um Zeit zu sparen, kürzen Sie über die Autobahn A 11 nach Florenz ab, genießen wieder einen Teil der Fahrzeuge bei der Durchfahrt und eilen dann über die A 1, Ausfahrt Roncobillaccio, zum Passo della Futa. Ab etwa 15 Uhr driften die Teilnehmer über die kurvenreiche Bergpassage, in jeder Biegung stehen Fans und feuern die Piloten an. Da manche mit deutlich mehr Temperament als Talent gesegnet sind, sollten Sie betont defensiv fahren; Vorsicht auch vor den zahlreichen Motorradfahrern aus der Umgebung, die es mitunter gnadenlos brennen lassen. Während die Teilnehmer jetzt noch über den Raticosa-Pass nach Bologna und Modena röhren, fahren Sie wieder über die Autobahn A 1 (Modena), A 22 (Verona) und A 4 zurück nach Brescia, um rechtzeitig zur Zielankunft ab 21 Uhr an der Viale Venezia zu sein. Der Tachometer ihres Gefährts zeigt nun rund 750 Kilometer mehr an – wenn Ihnen das noch nicht reicht, sollten Sie beim nächsten Mal Variante 3 wählen.

Eine der schönsten Ortsdurchfahrten in der Toskana: Pienza

Variante 3: Für Enthusiasten

Für Enthusiasten: Das volle Programm über 1300 Kilometer mit allen wichtigen Abschnitten

Sie können von der Mille Miglia gar nicht genug bekommen und würden die Fahrer am liebsten auf der gesamten Strecke begleiten. Sinnvoller ist es jedoch, so oft wie möglich über Autobahnen oder Schnellstraßen abzukürzen und die Klassiker vorbeiziehen zu lassen, während Sie selbst in einem Straßencafé sitzen oder am Streckenrand picknicken. Nach der Fahrzeugabnahme in Brescia und dem Start auf der Viale Venezia fahren Sie daher zunächst – je nach Streckenverlauf, siehe oben – nach Verona oder Mantua. Wie lange Sie hier ab 22 Uhr die Durchfahrt der Mille Miglia-Fahrzeuge genießen, hängt von Ihrer persönlichen Kondition ab: Am selben Abend müssen Sie noch Richtung Ravenna (A 22 Modena, A 14 Bologna, A 14 Ravenna), wo Sie vorher eine Unterkunft reservieren, die Sie auch nach Mitternacht noch empfängt. Am Freitag morgen treffen Sie auf der Landstraße SS 72 Richtung San Marino wieder auf den Mille Miglia-Tross; San Marino steht ab etwa 10 Uhr auf dem Zeitplan. Anschließend kürzen Sie über die A 14 (Fano) und SS 3 zum Gola del Furlo ab, wo die ersten Teilnehmer um die Mittagszeit erwartet werden. Von dort aus geht es über die SS 3 und SS 360 nach Gubbio und über die SS 298, SS 75 und SS 147 nach Assisi. Von hier aus weisen kleine Regionalstraßen je nach Streckenführung entweder direkt zum schneebedeckten Monte Terminillo oder zunächst noch durch die unwirklichen Sybillinischen Berge. Vom Terminillo aus lassen Sie das Teilnehmerfeld nach Rom ziehen und steuern über die SS 79 und SS 3 nach Terni und dann über die SS 202 Richtung Viterbo. Auch hier reservieren Sie vorher ein Hotel mit später Ankunft. Am Samstag begegnen Sie auf der SS 2 auf dem Weg zum Bergdorf Radicofani (ab 10 Uhr) wieder dem Teilnehmerfeld. Über die SS 2 rollen Sie nun gemeinsam mit der Mille Miglia nach Siena, anschließend kürzen Sie über die A 11 nach Florenz und die A 1 zum Passo della Futa ab. Wenn Sie schließlich via Autobahn gegen 21 Uhr rechtzeitig zur Zielankunft wieder in Brescia sind, können Sie sicher sein, nichts Wesentliches verpaßt zu haben. Mit 1300 Kilometern haben Sie kaum weniger Kilometer abgespult als die Mille Miglia-Teilnehmer – doch es lohnt sich. Sie werden es wieder tun.

DSK 740

Auch das gehört für viele Fans zum Pflichtprogramm: Die ehrwürdige, üblicherweise für den Verkehr gesperrte Piazza del Campo in Siena

Noch einmal geht es über die hölzerne Rampe, dann ist die Show vorbei: Zielankunft in Brescia auf der Viale Venezia.

Anhang

DATEN & FAKTEN

Zur Mille Miglia zugelassene Fahrzeuge:

Startberechtigt sind Autos, die zwischen 1927 und 1957 gebaut wurden und von denen mindestens ein Modell einmal an der Mille Miglia teilgenommen hat. Ausnahme: Fahrzeuge mit Baujahr vor 1927, deren Typ später bei einer MM eingesetzt wurde. Die nachfolgende Liste enthält alle Modelle, die zwischen 1982 und 1999 bei der Mille Miglia storico am Start waren. Bei besonders seltenen oder ausgefallenen Fahrzeugen, die hier nicht aufgeführt sind, empfiehlt sich in jedem Fall eine Anfrage beim Veranstalter.

Quelle: Commitato Organizzatore Mille Miglia

Abarth	750 Zagato, Vignale
AC	16/80 Sport Ace, Aceca Bristol Ace
Alfa Romeo	RL Sport, Super Sport 6C 1500 Sport, MM Sport, MM Supersport 6C 1750 Sport, Super Sport, Gran Sport, GTC 8C 2300 corto, lungo, MM, Monza, Le Mans 8C 2600 Monza 6C 2300 B, MM, Pescara 8C 2900 A, B 8C 35 GP P3 6C 2500 Super Sport, SS Corsa 6C 2500, Sport, Villa d'Este 6C 3000 1900, C gara, TI, Super, Super TI, Sprint, Super Sprint 1900 Matta 1900 Sport Spyder, Zagato Giulietta Sprint, Spider Veloce, Competizione Giulietta Monoposto Disco Volante 2000 Sportiva Spider
Allard	K1 J2
Alvis	Silver Eagle Sport Speed
Amilcar	CGSS
Aston Martin	International Le Mans Ulster Mk II 2 litre DB 2 DB 2/4, Mk II, Mk III DB 3 Coupé DB3S DBR 2
Austro Daimler	Bergmeister
Austin-Healey	100/4, M, S 100/6
Austin	A 35
Autoavio	815

Auto Union	Wanderer W 25, W 25 K
Bandini	750 S
Bizzarrini	500 Coupé
Bentley	4,5 litre, Blower, Le Mans Speed Six 6,5 litre 8 litre
BMW	315/1 Sport 319/1 Sport 321 327, 327/28 328, MM, RS 502 507 Isetta
Bristol	400
Bugatti	Typ 13 Brescia Typ 30 Typ 35, 39 Typ 37 Typ 38 Typ 40 Typ 44 Typ 46 Typ 49 Typ 50 Typ 51, 55 Typ 57, 57 S
Cisitalia	202 S MM, Savonuzzi, SC 204 Abarth
Chrysler	75 Le Mans, Saratoga 3000 Special/Imperial
Cooper	Bristol S MG S Jaguar S
Colombo-Mariani	1100 Sport
Conrero-Alfa Romeo	2000 Sport
Cunningham	C2R C3 C4
Delahaye	135 C, MS 145 T
Delage	GP D8
Denzel	1300 S
Diatto	20 S Targa Florio
Duesenberg	23 Corsa Sport
Ermini	1100 Sport 357 Sport
Ferrari	125 166 S, Corsa, MM, Inter 166/212 Uovo 275 S 340 America, MM, Plus, Mexico, LM 195 S, Inter 121 LM 212 Inter, Europa, Export 212/225 225 S 250 S 625 TF, LM, TR 250 LM, Europa, GT, GT Competizione, TdF 750 Monza 500 Mondial 375 MM, Plus 500 TR, TRC 860 Monza 250 TR 315 S 335 S
Fiat	514 MM, Coppa Alpi 525 Super Sport 509 A Sport S MM 508, S CO/MM, 508 CS MM 500 A, B, C 1100 S, MM 1100 Monviso, Sport Colli 750 Sport 1100 E, TV, TV Pininfarina 8V, Zagato 600 600/750 Abarth
Fona-Fiat	1100 Sport
Frazer-Nash	Nürburg BMW 328 BMW 315/3 Le Mans, MM, Targa Florio, Sebring

Giannini	750 Sport
Giaur Taraschi	750 Sport
Gilco	1100 Sport
Gilco-Giannini	750 S
Gilco Monaci Zagato	Sport
Gordini	1500 S 3000 S
Halseylec	Sport
Healey	Elliott Tickford Silverstone
Hispano Suiza	Monza
HWM	HWM
Kieft	Sport CS
Jaguar	SS Jaguar 90 SS Jaguar 100 XK 120, lightweight XK 140 C-Type D-Type XKSS
Jaguar-Biondetti	Special
Jaguar-Ferrari-Biondetti	Sport
ISO	Isetta, Isetta BMW
Invicta	4.5, 4.5 S
Lagonda	M 45, Rapide LG 45, Rapide V 12 Le Mans 2 litre
Lancia	Lambda S, Torpedo Astura MM Aprilia 1./2. Serie Aprilia Sport bis 1940/nach 1945 Ardea 1. bis 4. Serie, Sport Aurelia B 10, B20, B 21, B 22, B 24 Appia GTZ D23 D24 D25
La Salle	5 litre V8
Lotus	9 11
Malaguti-Fiat	1100 Corsa
Maserati	26C, M, M Sport 4 CS 1100 8C 2300 6C 34 A6G, A6GCS, A6 Pininfarina A6GCS/53 (2000 Sport) A6G54 Coupé Zagato 150 S 200 S, 200 SI 250 S 300 S, 350 450 S
Mercedes-Benz	28/95 Sport 370 S 680 S Rennsport 710 Sport, Super Sport 720 SSK, SSKL 180 D 300 SL, Prototipo, Carrera Panamerica 300 SLR
MG	Q N K3 Magnette L2 Magna MGA Magnette ZA
Moretti	750 Sport
O.M.	469 S 665, S, TT, MM 669 GS
Osca	MT4 1100, 1350 MT4-2AD 1100, 1350, 1450, 1500 TN (S 1500) S-950 S-187 (S 750) 2000 S S 498 FS 372 (1500)
Panhard et Levassor	SS Sport

Panhard	Dyna, Dyna Sport Monopole 750 Sport
Panhard-DB	Dyna Sport
Parson-Maserati	1500 Sport
Patriarca	750 S
Pegaso	Z 102 103
Porsche	356 356 A Coupé und Speedster 356 Carrera und 1500 GS Carrera 550, A, RS, RSK
Peugeot	203 C
Preti Alfa-Maserati	Sport
Renault	4CV 750 Sport
Riley	12/6 Special Brooklands MPH MPH Prototype Sprite White
Roselli	1100 Sport
Saab	92 93 Sonnet
Salmson	2300 Coupé
Scarab	Sport
Siata	508 C und MM Pescara Sport 500 Sport 750 Sport Daina GS 400V8 208 S Mexico
Sighinolfi	1100 Sport

Simson	Supra
Singer	Le Mans
Skoda	421 und 430 Popular Sport 1100 Sport
Stanga	750 Sport
Stanguellini	508 S 750 Sport 1100 Sport, Coupé Bertone
Squire	1.5 litre Supercharged
Studebaker	Indianapolis
Talbot	S 90 26 SS 105, 105 SS
Talbot Lago	T 150, T 150 SS 4 litre GS Coupé LM T 26 GS, SS Dupont
Talbot-Maserati	250 S
Tojeiro	Jaguar S MG S Aston Martin S
Triumph	Dolomite TR 2, Sport TR 3
Veritas	RS (1500 und 2000)
Volpini	1100 S
Volvo	PV5 Coupé

*Überblick: Mille Miglia-Ergebnisse von 1927 bis 1957**

1. Mille Miglia, 26. bis 27. März 1927

Fahrer	Fahrzeug	Gesamtzeit (Stunden)	Durchschnitts geschwindigkeit (km/h)
Streckenlänge: 1638 km	Gestartet: 77	Im Ziel: 54	
1. Minoja-Morandi	O.M. 665 S	21:04.48	77,328
2. T. Danieli-Balestrero	O.M. 665 S	21:20.53	76,268
3. M. Danieli-Rosa	O.M. 665 S	21:28.02	75,845
4. Strazza-Ravallo	Lancia Lambda Torpedo	21:42:48	74,986
5. Pugno-Bergia	Lancia Lambda	21:55.14	74,276
6. Maggi-Maserati	Isotta Fraschini Tipo 8 A SS Torpedo	22:00.35	73,975
7. Frate Ignoto-Sozzi	Alfa Romeo RL SS	22:06.11	73,663
8. Cortese-Baroncini	Itala Tipo 61	22:45.46	71,528
9. Guttermann-Munaron	Alfa Romeo RL SS	22:53.57	71,102
10. Nuvolari-Capelli	Bianchi Tipo 20 Sport Torpedo	23:12.02	70,178

2. Mille Miglia, 31. März bis 1. April 1928

Streckenlänge: 1638 km	Gestartet: 83	Im Ziel: 40	
1. Campari-Ramponi	Alfa Romeo 6C 1500 Sport Spider Zagato	19:14.05	84,126
2. Rosa-Mazzotti	O.M. 665 S MM	19:22.22	83,527
3. Strazza-Varallo	Lancia Lambda Spider	19:37.37	82,446
4. Marinoni-Guidotti	Alfa Romeo 6C 1500 Sport Spider Zagato	19:38.13	82,404
5. Bornigia-Guatta	Alfa Romeo 6C 1500 Sport Spider Zagato	19:42.00	82,140
6. Brilli Peri-Lumini	Bugatti 43	19:45.44	81,881
7. Scarfiotti-Lasagna	Lancia Lambda	19:52.02	81,449
8. Presenti-Canavesi	Alfa Romeo 6C 1500 Sport Spider Zagato	20:10.55	80,178
9. Radice-Lissoni	Lancia Lambda	20:13.17	80,022
10. Morandi-Coffani	O.M. 665 S MM	20:26.04	79,189

3. Mille Miglia, 13. bis 14. April 1929

Streckenlänge: 1638 km	Gestartet: 83	Im Ziel: 42	
1. Campari-Ramponi	Alfa Romeo 6C 1750 SS Spider Zagato	18:04.24	89,688
2. Morandi-Rosa	O.M. 665 S MM 2300	18:14.14	88,883
3. Varzi-Colombo	Alfa Romeo 6C 1750 SS Spider Zagato	18:16.14	88,721
4. Strazza-Varallo	Lancia Lambda Spider Casaro	18:17.41	88,604
5. Ghersi-Guerrini	O.M. 665 MM 2100	18:55.08	85,681
6. Minoja-Marinoni	Alfa Romeo 6C 1750 SS Spider Zagato	19:01.44	85,186
7. Natali-Zampieri	Alfa Romeo 6C 1750 S	19:04.37	84,971
8. Carraroli-Munaron	Alfa Romeo 6C 1750 SS	19:07.42	84,742
9. Cortese-Guatta	Alfa Romeo 6C 1750 SS Spider Zagato	19:16.47	84,077
10. Bornigia-Pintacuda	Alfa Romeo 6C 1750 SS Spider Zagato	19:17.17	83,989

4. Mille Miglia, 16. bis 17. April 1930

Streckenlänge: 1638 km	Gestartet: 135	Im Ziel: 73	
1. Nuvolari-Guidotti	Alfa Romeo 6C 1750 GS Spider Zagato	16:18.59	100,450
2. Varzi-Canavesi	Alfa Romeo 6C 1750 GS Spider Zagato	16:29.51	99,348
3. Campari-Marinoni	Alfa Romeo 6C 1750 GS Spider Zagato	16:59.53	96,422
4. Ghersi-Cortese	Alfa Romeo 6C 1750 GS Spider Zagato	17:16.31	94,875
5. Bassi-Gabazini	O.M. 665 SS MM 3000	17:18.34	94,688
6. Caracciola-Werner	Mercedes 720 SSK	17:20.17	94,531
7. Rosa-Coffani	O.M. 665 SS MM 3000	17:22.58	94,228
8. Mazzotti-Maggi	Alfa Romeo 6C 1750 GS	17:46.45	92,186
9. Ferrari-Foresti	Alfa Romeo 6C 1750 GS	17:55.16	91,456
10. Fontanini-Minozzi	Alfa Romeo 6C 1750 GS	17:57.14	91,289

* *Quelle: Commitato Organizzatore Mille Miglia*

5. Mille Miglia, 11. bis 12. April 1931

Streckenlänge: 1644 km | Gestartet: 99 | Im Ziel: 59

1. Caracciola-Sebastian	Mercedes 720 SSKL	16:10.10	101,147
2. Campari-Marinoni	Alfa Romeo 6C 1750 GS Spider Zagato	16:21.27	99,984
3. Morandi-Rosa	O.M. 665 SS MM 3000	16:28.35	99,263
4. Klinger-Saccomanni	Alfa Romeo 6C 1750 GS Spider Zagato	17:07.57	95,461
5. Gerardi-Gerardi	Alfa Romeo 6C 1750 GS	17:08.06	95,447
6. Scarfiotti-Bucci	Alfa Romeo 6C 1750 GS	17:27.36	93,671
7. Tadini-Canavesi	Alfa Romeo 6C 1750 GS	17:39.50	92,590
8. Gabazzini-Guatta	Alfa Romeo 6C 1750 GT Berlinetta Touring	17:47.30	91,92
9. Nuvolari-Guidotti	Alfa Romeo 8C 2300 Spider Zagato	17:48.25	91,846
10. Cornaggia-Premoli	Alfa Romeo 6C 1750 GS	17:48.50	91,810

6. Mille Miglia, 9. bis 10. April 1932

Streckenlänge: 1644 km | Gestartet: 88 | Im Ziel: 42

1. Borzacchini-Bignami	Alfa Romeo 8C 2300 Spider Touring	14:55.19	109,884
2. Trossi-Brivio	Alfa Romeo 8C 2300 Spider Zagato	15:10.59	107,995
3. Scarfiotti-D'Ippolito	Alfa Romeo 6C 1750 GS Spider Zagato	15:44.41	104,142
4. Minoja-Balestrieri	Alfa Romeo 6C 1750 GTC Berlinetta Touring	16:54.37	96,964
5. Carraroli-Ghersi	Alfa Romeo 8C 2300 Spider Zagato	17:04.03	96,071
6. Giulay-Venturi	Alfa Romeo 6C 1500 SS Spider Zagato	17:09.14	95,587
7. Santinelli-Berti	Alfa Romeo 8C 2300	17:10.55	95,431
8. Strazza-Gismondi	Lancia Lambda Speciale Spider	17:14.22	95,113
9. Lurani-Canavesi	Alfa Romeo 6C 1500 SS Campari&Sorniotti	17:22.54	94,335
10. Gazzabini-Diaz	Alfa Romeo 6C 1750 Spider Zagato	17:26.21	94,024

7. Mille Miglia, 8. bis 9. April 1933

Streckenlänge: 1644 km | Gestartet: 85 | Im Ziel: 52

1. Nuvolari-Compagnoni	Alfa Romeo 8C 2300 Spider Zagato	15:11.50	108,572
2. Castelbarco-Cortese	Alfa Romeo 8C 2300 Monza	15:38.02	105,540
3. Taruffi-Pellegrini	Alfa Romeo 8C 2300 Spider Zagato	16:00.57	103,023
4. Battaglia-Bianchi	Alfa Romeo 8C 2300	16:19.40	101,055
5. Scarfiotti-D'Ippolito	Alfa Romeo 8C 2300	16:22.10	100,798
6. Santinelli-Berti	Alfa Romeo 8C 2300	16:25.39	100,441
7. Ruesch-Kessler	Alfa Romeo 8C 2300	16:25.46	100,429
8. Gabazzini-D'Alessio	Alfa Romeo 8C 2300	16:31.28	99,852
9. Foligno-Comotti	Alfa Romeo 6C 1750 GS	16:41.48	98,822
10. Peverelli-Dell'Orto	Alfa Romeo 6C 1750 GS Spider Zagato	16:51.55	97,834

8. Mille Miglia, 8. April 1934

Streckenlänge: 1623 km | Gestartet: 57 | Im Ziel: 29

1. Varzi-Bignami	Alfa Romeo 8C 2600 Monza Spider Brianza	14:08.05	114,304
2. Nuvolari-Siena	Alfa Romeo 8C 2300 Monza Spider Brianza	14:16.58	113,119
3. Chiron-Rosa	Alfa Romeo 8C 2600 Monza Spider Brianza	15:24.00	104,912
4. Battaglia-Bianchi	Alfa Romeo 8C 2600 Monza	15:29.34	104,284
5. Taruffi-Bertocchi	Maserati 4 CS 1100 Sport	15:39.01	103,235
6. Sanguinetti-Balestrero	Alfa Romeo 8C 2300	16:21.31	98,764
7. Dusio-Ajmini	Alfa Romeo 8C 2600	16:38.16	97,107
8. Auricchio-Berti	Alfa Romeo 8C 2300	16:43.17	96,622
9. Pertile-Jonoch	Alfa Romeo 6C 1750 Spider Brianza	16:55.29	95,461
10. Nardilli-Pintacuda	Lancia Astura	16:58.56	95,138

9. Mille Miglia, 14. April 1935

Streckenlänge: 1623 km | Gestartet: 86 | Im Ziel: 47

1. Pintacuda-Della Stuffa	Alfa Romeo 2900 Tipo B	14:04.47	114,753
2. Tadini-Chiari	Alfa Romeo 8C 2600 Monza	14:46.38	109,337
3. Batagli-Tufanelli	Alfa Romeo 8C 2600 Monza	15:04.08	107,220
4. Ruesch-Guatta	Alfa Romeo 8C 2600 Monza	15:05.59	107,001
5. Macchi-Danese	Alfa Romeo 8C 2300	15:10.58	106,416
6. Sanguinetti-Balestrero	Alfa Romeo 8C 2300	15:12.47	106,204
7. Bianco-Bertocchi	Maserati 4 CS 1100	15:12.56	106,187
8. Cortese-Severi	Alfa Romeo 6C 2300 Pescara Touring	15:26.45	104,604
9. Salice-Laredo	Alfa Romeo 8C 2300	15:39.01	103,237
10. Rosa-Comotti	Alfa Romeo 6C 2300 Pescara Touring	15:56.43	101,327

10. Mille Miglia, 5. April 1936

Streckenlänge: 1606 km | Gestartet: 69 | Im Ziel: 37

1. Brivio-Ongaro	Alfa Romeo 8C 2900 A	13:07.51	121,622
2. Farina-Meazza	Alfa Romeo 8C 2900 A	13:08.23	121,540
3. Pintacuda-Stefani	Alfa Romeo 8C 2900 A	13:44.21	116,246
4. Biondetti-Cesara	Alfa Romeo B 2900	13:59.21	114,160
5. Tenni-Bertocchi	Maserati 4 CS 1500	14:18.40	111,592
6. Bianco-Boccali	Maserati 4 CS 1100	14:55.10	107,041
7. Rham-Banti	Alfa Romeo 8C 2600 Monza	15:35.35	102,417
8. Salice-Laredo	Alfa Romeo 8C 2300 Monza	15:45.27	101,349
9. Cattaneo-Donati	Alfa Romeo 6C 2300 Pescara Berlina	15:59.07	99,904
10. Rocco-Filippone	Maserati 8C 26B 2000 Carrozzeria Menarini	16:14.32	98,324

11. Mille Miglia, 4. April 1937

Streckenlänge: 1623 km | Gestartet: 124 | Im Ziel: 65

1. Pintacuda-Mambelli	Alfa Romeo 8C 2900 A	14:17.32	114,747
2. Farina-Meazza	Alfa Romeo 8C 2900 A	14:35.11	112,433
3. Schell-Carrière	Delahaye 135 MS	14:54.57	109,949
4. Boratto-Guidotti	Alfa Romeo 6C 2300 B MM Berlinetta Touring	15:40.01	104,678
5. Ventidue-Ventuno	Alfa Romeo 8C 2300	16:19.45	100,433
6. Cortese-Guatta	Alfa Romeo 6C 2300 Pescara Spider Zagato	16:21.20	100,271
7. Crivellari-Ferraro	Alfa Romeo 6C 2300 B MM	17:04.25	96,045
8. Teagno-Barbieri	Alfa Romeo 6C 2300 GT Spider	17:04.33	95,984
9. Severi-Righetti	Alfa Romeo 6C 2300 B MM Berlinetta Ghia	17:09.20	95,595
10. Contini-Salvadori	Alfa Romeo 6C 1500 Spider	17:09.35	95,572

12. Mille Miglia, 3. April 1938

Streckenlänge: 1630 km | Gestartet: 141 | Im Ziel: 72

1. Biondetti-Stefani	Alfa Romeo 8C 2900 Spider MM Touring	11:58.29	135,391
2. Pintacuda-Mabelli	Alfa Romeo 8C 2900 B Spider MM Touring	12:00.31	135,009
3. Dusio-Boninsegni	Alfa Romeo 8C 2900 A	12:37.31	128,414
4. Dreyfus-Varet	Delahaye Tipo 145	12:39.53	128,015
5. Carrière-Vanderpyl	Talbot T 150 C	12:59.03	124,865
6. Ventidue-Ventuno	Alfa Romeo 8C 2300	13:28.53	120,252
7. Mazaud-Quinlin	Delahaye Tipo 135 MS	13:33.41	119,550
8. Fane-James	BMW 328	13:36.19	119,165
9. Cortese-Fumagalli	Alfa Romeo 6C 2300 B MM Spider Touring	13:38.11	118,893
10. v. Schaumburg-Lippe-Lurani	BMW 328	13:38.52	118,794

13. Mille Miglia, 28. April 1940

Streckenlänge: 1492 (9 x 165,7) km   Gestartet: 88   Im Ziel: 33

1. von Hanstein/Bäumer	BMW 328 Berlinetta Touring	8:54,46	166,727
2. Farina-Mambelli	Alfa Romeo 6C 2500 SS Tipo 256 Spider Touring	9:10.16	162,030
3. Brudes-Roese	BMW 328	9:13.27	161,098
4. Biondetti-Stefani	Alfa Romeo 6C 2500 SS Tipo 256 Spider Touring	9:13.37	161,050
5. Briem-Richter	BMW 328	9:16.08	160,321
6. Wenscher-Scholtz	BMW 328	9:17.15	160,000
7. Pintacuda-Sanesi	Alfa Romeo 6C 2500 SS Tipo 256 Spider Touring	9:25.47	157,587
8. Trossi-Lucchi	Alfa Romeo 6C 2500 SS Tipo 256 Berlinetta Touring	9:36.45	154,590
9. Fioruzzi-Sola	Fiat Stanguellini 1100 Hardtop Torricelli	10:39.50	139,349
10. Bertani-Lasagni	Fiat Stanguellini 1100 Spider Torricelli	11:16.44	131,748

14. Mille Miglia, 21. bis 22. Juni 1947

Streckenlänge: 1833 km   Gestartet: 155   Im Ziel: 54

1. Romano-Biondetti	Alfa Romeo 8C 2900 B Berlinetta Touring	16:16.39	112,240
2. Nuvolari-Carena	Cisitalia 202 S MM Spider	16:32.35	110,439
3. Bernabei-Pacini	Cisitalia 202 MM Berlinetta Cassone	16:38.17	109,808
4. Minetti-Facetti	Cisitalia 202 S MM	17:00.40	107,400
5. Capelli-Gerli	Fiat 1100 S Berlinetta	17:17.38	105,644
6. Della Chiesa-Brandoli	Fiat 1100 S Berlinetta	17:26.04	104,793
7. Ermini-Quentin	Fiat 1100 S Berlinetta	17:27.37	104,638
8. Comirato-Comirato	Fiat-Comirato 1100	17:27.45	104,624
9. Balestrero-Bracco	Fiat 1100 S Berlinetta	17:31.44	104,228
10. Salice-Cornaggia Medici	Alfa Romeo 6C 2500 SS	17:51.55	102,265

15. Mille Miglia, 1. Mai 1948

Streckenlänge: 1833 km   Gestartet: 167   Im Ziel: 64

1. Biondetti-Navone	Ferrari 166 S Coupé Allemano	15:05.44	121,227
2. Comirato-Dumas	Fiat-Comirato 1100 Sport	16:33.08	110,559
3. Apruzzi-Apruzzi	Fiat 1100 S Berlinetta	16:52.30	108,444
4. Terigi-Berti	Fiat Stanguellini Spider Ala D'Oro	16:57.10	107,946
5. G.Scagliarini-Maffiodo	Cisitalia 202 SC	17:00.05	107,638
6. Bianchetti-Cornaggia Medici	Alfa Romeo 6C 2500 SS Spider	17:02.43	107,631
7. C.Scagliarini-Masi	Fiat Stanguellini 1100	17:14.39	106,122
8. Christillin-Nasi	Fiat 1100 S Berlinetta	17:17.04	105,875
9. D.Healey-G.Healey	Healey 2400 Westland	17:26.10	105,654
10. Colnaghi-Pozzoni	Fiat 1100 S Berlinetta	17:27.56	104,777

16. Mille Miglia, 24. April 1949

Streckenlänge: 1603 km   Gestartet: 303   Im Ziel: 182

1. Biondetti-Salani	Ferrari 166 MM Barchetta Touring	12:07.05	131,456
2. Bonetto-Carpani	Ferrari 166 MM Barchetta Touring	12:35.07	126,576
3. Rol-Richiero	Alfa Romeo 6C 2500 Competizione Berlinetta	12:51.10	123,941
4. Auricchio-Bozzini	Fiat 1100 S Berlinetta	13:57.52	114,075
5. G.Scagliarini-Maggi	Cisitalia Abarth 204	14:09.42	112,486
6. Bassi-Brammbilla	Fiat 1100 S Berlinetta	14:12.43	112,088
7. Aprile-Bossetti	Maserati A6GCS 2000 Spider	14:17.51	111,417
8. Adanti-Malucci	Stanguellini 1100 Berlinetta Bertone	14:18.59	111,270
9. Capelli-Veronelli	Fiat 1100 S Berlinetta	14:21.49	110,905
10. G.Healey-Wisdom	Healey 2400 Westland	14:24.03	110,618

17. Mille Miglia, 22. bis 23. April 1950

Streckenlänge: 1644 km | Gestartet: 375 | Im Ziel: 213

1. G.Marzotto-Crosara	Ferrari 195 S Berlinetta Touring	13:39.20	123,209
2. D.Serafini-Salani	Ferrari 195 S Berlinetta Touring	13:46.53	122,085
3. Fangio-Zanardi	Alfa Romeo 6C 2500 Competizione Berlinetta	14:02.05	119,881
4. Bracco-Maglioli	Ferrari 166 MM Barchetta Touring	14:07.23	119,130
5. Johnson-Lea	Jaguar XK 120	14:29.27	116,107
6. Cortese-Teravazzi	Frazer Nash Le Mans Replica	14:33.59	115,505
7. Fagioli-Diotallevi	Osca MT4 1100	14:34.44	115,405
8. Biondetti-Bronzoni	Jaguar XK 120	14:38.39	114,892
9. V.Marzotto-Fontana	Ferrari 195 S Barchetta Fontana	14:39.02	114,842
10. Schwelm-Colonna	Alfa Romeo 6C 2500 SS Coupé Touring	14:45.51	113,957

18. Mille Miglia, 27. bis 28. April 1951

Streckenlänge: 1574 km | Gestartet: 325 | Im Ziel: 175

1. Villoresi-Cassani	Ferrari 340 America Berlinetta Vignale	12:50.18	121,822
2. Bracco-Maglioli	Lancia Aurelia B20 Coupé	13:10.14	118,749
3. Scotti-Ruspaggiari	Ferrari 212 Export Spider Motto	13:22.04	116,998
4. P.Marzotto-Marini	Ferrari 166 MM Barchetta Touring	13:30.48	115,737
5. Ippocampo-Mori	Lancia Aurelia B20 Coupé	13:47.30	113,402
6. Bonetto-Casnaghi	Alfa Romeo 412 Spider Vignale	13:49.35	113,117
7. Valenzano-Maggio	Lancia Aurelia B20 Coupé	13:50.00	113,060
8. Fagioli-Borghi	Osca MT4 1100	13:52.35	112,708
9. Cortese-Tagni	Frazer Nash Le Mans Replica	14:06.28	110,861
10. Bordoni-Serbelloni	Osca MT4 1100	14:06.49	110,815

19. Mille Miglia, 3. bis 4. Mai 1952

Streckenlänge: 1574 km | Gestartet: 501 | Im Ziel: 275

1. Bracco-Rolfo	Ferrari 250 S Berlinetta Vignale	12:09.45	128,591
2. Kling-Klenk	Mercedes 300 SL Prototipo	12:14.17	127,798
3. Fagioli-Borghi	Lancia Aurelia B20 Coupé	12:40.05	123,460
4. Caracciola-Kurrle	Mercedes 300 SL Prototipo	12:48.29	122,111
5. Anselmi-Semino	Lancia Aurelia B20 Coupé	12:54.06	121,225
6. Ippocampo-Mori	Lancia Aurelia B20 Coupé	13:05.39	119,442
7. Johnson-Mackenzie	Nash-Healey	13:11.59	118,487
8. Amendola-Pinzero	Lancia Aurelia B20 Coupé	13:12.18	118,434
9. Brivio-Cassani	Ferrari 166 MM Berlinetta Vignale	13:14.22	118,132
10. Bordoni-Geronimo	Ferrari 166 MM Berlinetta Vignale	13:19.58	117,305

20. Mille Miglia, 25. bis 26. April 1953

Streckenlänge: 1521 km | Gestartet: 481 | Im Ziel: 286

1. G. Marzotto-Crosara	Ferrari 340 MM Spider Vignale	10:37.19	142,347
2. Fangio-Sala	Alfa Romeo 6C 3000 CM Berlinetta Colli	10:49.03	139,773
3. Bonetto-Peruzzi	Lancia D20 Berlinetta Pinin Farina	11:07.40	135,876
4. Cole-Vandelli	Ferrari 340 MM Spider Vignale	11:20.39	133,284
5. Parnell-Klementasky	Aston Martin DB3 Spider	11:32.43	130,963
6. Giletti-Bertocchi	Maserati A6GCS/53 Spider Fantuzzi	11:38.42	129,841
7. Maggio-Anselmi	Lancia Aurelia B20 2500	11:41.07	129,394
8. Biondetti-Boravero	Lancia D20 Berlinetta Pinin Farina	11:49.49	127,808
9. Cabianca-Roghi	Ferrari 250 MM Spider Vignale	11:51.39	127,478
10. Mantovani-Palazzi	Maserati A6GCS/53 Spider Fantuzzi	11:51.56	127,428

21. Mille Miglia, 30. April bis 1. Mai 1954

Streckenlänge: 1606 km | Gestartet: 374 | Im Ziel: 275

1. Ascari	Lancia D 24 Spider Pinin Farina	11:26.10	139,645
2. V.Marzotto	Ferrari 500 Mondial Spider Scaglietti	12:00.01	133,080
3. Musso-Zocca	Maserati A6GCS/53	12:00.10	133,053
4. Biondetti	Ferrari 250 MM Spider Motto	12:15.36	130,261
5. Veneziani-Orlandi	Maserati A6CGS/53	12:27.43	128,150
6. Herrmann-Linge	Porsche 550 Spider	12:35.44	126,790
7. G.Serafini-Mancini	Lancia Aurelia B20 2500	12:47.12	124,895
8. Carini-Artesani	Alfa Romeo 1900 TI	12:51.52	124,140
9. C. Leto Di Priolo- D. Leto Di Preolo	Fiat 8V Berlinetta Zagato	12:52.38	124,017
10. Cabianca	Osca MT4 1500	12:55.08	123,617

22. Mille Miglia, 30. April bis 1. Mai 1955

Streckenlänge: 1606 km | Gestartet: 521 | Im Ziel: 281

1. Moss-Jenkinson	Mercedes 300 SLR	10:07.48	157,651
2. Fangio	Mercedes 300 SLR	10:39.33	149,824
3. Maglioli-Monteferrario	Ferrari 118 LM Spider Scaglietti	10:52.47	146,787
4. Giardini	Maserati A6GCS	11:15.32	141,843
5. Fitch-Kurt	Mercedes 300 SL	11:29.21	139,000
6. Sighinolfi	Ferrari 750 Monza Spider Scaglietti	11:33.27	138,179
7. Gendebien-Wascher	Mercedes 300 SL	11:36.00	137,672
8. Seidel-Glöckler	Porsche 550 Spider	12:08.17	131,570
9. Belucci	Maserati A6GCS	12:09.10	131,410
10. Casella	Mercedes 300 SL	12:11.15	131,036

23. Mille Miglia, 28. bis 29. April 1956

Streckenlänge: 1606 km | Gestartet: 365 | Im Ziel: 182

1. Castellotti	Ferrari 290 MM Spider Scaglietti	11:37.10	137,442
2. Collins-Klementaski	Ferrari 860 Monza Spider Scaglietti	11:49.28	135,060
3. L. Musso	Ferrari 860 Spider Scaglietti	12:11.49	130,934
4. Fangio	Ferrari 290 MM Spider Scaglietti	12:26.50	128,302
5. Gendebien-Washer	Ferrari 250 GT Berlinetta Scaglietti	12:29.58	127,765
6. von Metternich-Einsiedel	Mercedes 300 SL	12:36.38	126,640
7. Seidel-Glöckler	Mercedes 300 SL	12:38.24	126,345
8. Pollet-Flanidrak	Mercedes 300 SL	12:49.58	124,447
9. Cabianca	Osca MT4 1500	12:57.11	123,264
10. Riess-Hermann	Mercedes 300 SL	13:06.31	121,828

24. Mille Miglia, 11. bis 12. Mai 1957

Streckenlänge: 1606 km | Gestartet: 298 | Im Ziel: 163

1. Taruffi	Ferrari 315 S Pinin Farina	10:27.47	152,632
2. Graf Berghe von Trips	Ferrari 315 S Pinin Farina	10:30.48	151,902
3. Gendebien-Washer	Ferrari 250 GT Berlinetta Scaglietti	10:35.53	150,688
4. Scarlatti	Maserati 300 S Spider Fantuzzi	11:00.58	144,969
5. Maglioli	Porsche 550 A Spider	11:14.07	141,142
6. Luglio-Carli	Ferrari 250 GT Berlinetta Zagato	11:26.58	139,483
7. Ippocrate	Ferrari 250 GT Berlinetta Scaglietti	11:30.55	138,685
8. G.Munaron	Ferrari 500 TRC	11:32.04	138,455
9. Buticchi	Ferrari 250 GT Berlinetta Zagato	11:44.27	136,021
10. Koechert	Ferrari 500 TRC Spider Scaglietti	11:49.02	135,142

Überblick: Ergebnisse der Mille Miglia storico von 1977 bis 2000

Fahrer	Fahrzeug
1. Mille Miglia storico, 1977	
Gestartet: 100	Im Ziel: 88
1. Hepp-Bauer	Alfa Romeo RL SS
2. Nagel-Nagel	Bentley Tourer
3. Guidotti-Bonini	Alfa Romeo 1750 SS
2. Mille Miglia storico, 1982	
Gestartet: 150	Im Ziel: 127
1. Bacchi-Montanari	Osca MT4
2. Bidelli-Marciano	Fiat 1100 S MM
3. Pancera-Teconi	Osca MT4 1500
3. Mille Miglia storico, 1984	
Gestartet: 220	Im Ziel: 136
1. Palazzani-Campana	Stanguellini 1100 S
2. Paterlini-D'Amico	Alfa Romeo 1750 SSC
3. Arenghi-Arenghi	Alfa Romeo 2000 Sport
4. Mille Miglia storico, 1986	
Gestartet: 250	Im Ziel: 147
1. Schildbach-Netzer	Mercedes SSK
2. Bianchini-Bianchini	Ferrari 225 Sport
3. Vesco-Edalini	Abarth 750 Zagato
5. Mille Miglia storico, 21. bis 24. Mai 1987	
Gestartet: 292	Im Ziel: 226
1. Nannini-Marin	Maserati 200 SI
2. Ardesi-Franchina	Cisitalia 202 SC
3. Calmonte-Simionata	Maserati A6GCS Scaglietti
6. Mille Miglia storico, 1988	
Gestartet: 298	Im Ziel: 195
1. Rollino-Gaslini	Fiat 1100 S MM
2. Schön-Ceresi	Ferrari 250 TdF
3. Guasti-Bazzi	Ferrari 500 TRC
7. Mille Miglia storico, 28. April bis 1. Mai 1989	
Gestartet: 307	Im Ziel: 237
1. Valseriati-Favero	Mercedes 300 SL
2. Bianchini-Bianchini	Ferrari 225 Sport
3. Calmonte-Simionati	Maserati A6GCS Scaglietti
8. Mille Miglia storico, 17. bis 20. Mai 1990	
Gestartet: 318	Im Ziel: 241
1. Agnelli-Cavallari	Cisitalia 202 SC
2. Valseriati-Saporetti	Lotus 11
3. Braccaioli-Colli	Preti Alfa Maserati
9. Mille Miglia storico, 2. bis 5. Mai 1991	
Gestartet: 309	Im Ziel: 242
1. Panizza-Pisanelli	Renault 750 Sport
2. Grandori-Canè	BMW 503
3. Danieli-Calvitto	Fiat 508 S
10. Mille Miglia storico, 1992	
Gestartet: 316	Im Ziel: 265
1. Canè-Galliani	BMW 507
2. Agnelli-Voltolini	Cisitalia 202 SC
3. Buzzonetti-Argenti	Lancia Aurelia B21
11. Mille Miglia storico, 13. bis 16. Mai 1993	
Gestartet: 316	Im Ziel: 270
1. Vesco-Bocelli	Cisitalia 202 SC
2. Guasti-Bazzi	Bugatti Brescia
3. Veronesi-Veronesi	Alfa Romeo 1900 SS
12. Mille Miglia storico, 5. bis 7. Mai 1994	
Gestartet: 330	Im Ziel: 275
1. Canè-Galliani	Lancia Aurelia B20
2. Gaburri-Gallinari	Abarth 750 Zagato
3. Marin-Marin	Maserati 200 SI
13. Mille Miglia storico, 18. bis 20. Mai 1995	
Gestartet: 340	Im Ziel: 259
1. Ferrari-Salza	Abarth 750 Zagato
2. Vesco-Bocelli	Cisitalia 202 SC MM
3. Paoletti-Specchia	Ermini 375 Sport
14. Mille Miglia storico, 9. bis 12. Mai 1996	
Gestartet: 340	Im Ziel: 245
1. Canè-Galliani	BMW 328
2. Guasti-Bazzi	Bugatti 35 C
3. Paoletti-Specchia	Ermini 375 Sport
15. Mille Miglia storico, 1. bis 4. Mai 1997	
Gestartet: 360	Im Ziel: 275
1. Valseriati-Sabbadini	Mercedes 300 SL Prototipo
2. Canè-Galliani	BMW 328 MM
3. Mazzola-Cicotti	Healey Silverstone
16. Mille Miglia storico, 14. bis 17. Mai 1998	
Gestartet: 360	Im Ziel: 259
1. Canè-Galliani	BMW 328
2. Valseriati-Sabbadini	Mercedes 720 SSK
3. Croul-Raimondi	Maserati A6 CGS/53
17. Mille Miglia storico, 6. bis 9. Mai 1999	
Gestartet: 370	Im Ziel: 286
1. Canè-Auteri	Ferrari 340 MM
2. Danieli-Sartori	Fiat 508 S Coppa d'Oro
3. Croul-Raimondi	Maserati A6 CGS/53
18. Mille Miglia storico, 25. bis 28. Mai 2000	
Gestartet: 375	Im Ziel: 291
1. Canè-Galliani	BMW 328 MM
2. Valseriati-Bocelli	Mercedes 720 SSK
3. Franciosi-De Paoli	Aston Martin International

Adressen:

Commitato Organizzatore Mille Miglia
Via Cassala, 60, I-25126 Brescia, Telefon (0039) 030 280036,
Fax (0039) 030 48093

Deutscher Motor Sport Bund (DMSB)
Hahnstraße 70, 60528 Frankfurt, Telefon (069) 633007-0,
Fax (069) 633007-30

Allgemeiner Deutscher Automobil Club (ADAC)
Am Westpark 8, 81373 München, Telefon (089) 7676-0,
Fax (089) 7676-2500

Automobilclub von Deutschland (AvD)
Lyoner Straße 16, 60528 Frankfurt, Telefon (069) 6606-0,
Fax (069) 6606-210

Deuvet
Berner Straße 75, 60437 Frankfurt, Telefon (069) 50830801,
Fax (069) 50830803

Helmut Lung (FIVA-Fahrzeugpässe)
Langgasse 11, 56751 Polch, Telefon/Fax 02654/2073

Staatliches italienisches Fremdenverkehrsamt
Kaiserstraße 65, 60329 Frankfurt, Telefon (069) 237434
Goethestraße 20, 80336 München, Telefon (089) 531317

Öffentliche Informationsstelle in Brescia
APT, Corso Zanardelli 34, I-25121 Brescia,
Telefon (0039)030 43418, Fax (0039) 030 293284

Automobile Club d'Italia (ACI)
Via Marsala 8, I-00185 Roma, Telefon (0039) 06 49981,
Fax (0039) 06 49982234

Touring Club Italiano (TCI)
Corso Italia 10, I-20122 Milano, Telefon (0039) 02 85261,
Fax (0039) 02 852636292

Museo Tazio Nuvolari
Piazza Broletto, 9, I-46100 Mantova,
Telefon/Fax (0039) 0376 327929

Luzzago (Oldtimerhändler in Brescia)
Via Mandolossa 65, I-25121 Brescia,
Telefon (0039) 030 2411531, Fax (0039) 030 2411540

Auto- und Spielzeugmuseum Boxenstop, Tübingen
Rainer Klink, Brunnenstraße 18, 72074 Tübingen,
Telefon 07071/929020, Fax 07071/929099

Redaktion *Motor Klassik*
Leuschnerstraße 1, 70174 Stuttgart, Telefon 0711/182-1203,
Fax 0711/182-1140

Internet

Unter der Adresse www.millemiglia.it veröffentlicht der Veranstalter neben allgemeinen Informationen auch die aktuelle Starterliste sowie die Ergebnisse. Querverweise führen zum Mille Miglia-Shop, wo unter anderem die Jahrbücher bestellt werden können.

Literatur

Als das Standardwerk zur historischen Mille Miglia gilt nach wie vor *Mille Miglia 1927-1957 – The fabulous story of the great road race* von Giovanni Lurani. Auf 207 Seiten beschreibt Lurani detailliert und spannend das Geschehen jeder einzelnen Mille Miglia samt Ergebnisliste, die 260 Schwarzweiß-Fotos dienten lange Zeit als einzige Quelle zur Identifizierung von Fahrzeugen und Personen. Die 1979 erschienene Originalausgabe (ISBN 2-88001-113-2) ist leider längst vergriffen und wird unter Sammlern hoch gehandelt. Mitunter aber tauchen einzelne Exemplare im Antiquariat auf. Glücklicherweise existiert ein Nachdruck als Paperback für rund 90 Mark (ISBN 88 415 2498 7), allerdings nur in italienischer Sprache.

Zumindest die Nachkriegsjahre sind in der Textsammlung *Mille Miglia 1947-1957* abgehandelt. In der Paperpack-Ausgabe (ISBN 88 7911 173 6) für rund 70 Mark erhält jedes Jahr ein eigenes Kapitel. Das 120 seitige Buch ist in englischer und italienischer Version lieferbar.

Als zauberhafte Einstimmung auf die Mille Miglia sowie gleichermaßen als Restaurant-Führer und Kochbuch begeistert *Mille Miglia – 1000 Meilen für Genießer* von Rolf Versen und Frank Busch (ISBN 3-9805994-0-X). Das 200 Seiten dicke Buch für rund 90 Mark erfreut mit liebevollen Details (etwa drei Lesebändchen in den italienischen Nationalfarben) und eignet sich besonders für den Kenner, der die Mille Miglia am liebsten von einem Restaurant aus genießt und den Fahrern mit einem trockenen Weißwein zuprostet.

Wer schon eine oder mehrere Mille Miglia erlebt hat, kann sich als Erinnerung auch die jährlich erscheinende gebundene Version der Starterliste für rund 30 Mark sowie die als Rückblick konzipierten Jahrbücher für rund 80 Mark ins heimische Regal stellen. Die Jahrbücher lassen sich direkt beim Veranstalter sowie bei der Fahrzeugabnahme an den Souvenirständen erwerben.

Alle anderen genannten Bücher, natürlich auch die Jahresrückblicke sowie eine Vielzahl weiterer Publikationen, Videos und Kalender, nicht nur über die Mille Miglia, gibt es bei Schröder & Weise in Hannover (Tel. 0511/517037, Fax 0511/517034). Martin Schröder und Achim Weise halten so ziemlich für jedes automobilhistorische Thema entsprechende Literatur parat; es ist schwer vorstellbar, dass es irgendetwas gibt, was es dort nicht gibt.